AF834672

# SYFTESFULLT KRÖNT

## UPPTÄCK VÄGEN TILL DITT SYFTE OCH ÖDE

OUMIE GARBA FOX

PRISBELÖNT ARTIST

Copyright © 2026 Oumie Garba Fox

Alla rättigheter förbehållna.

Ingen del av denna publikation får reproduceras, distribueras eller överföras i någon form eller på något sätt, inklusive fotokopiering, inspelning eller andra elektroniska eller mekaniska metoder, utan föregående skriftligt tillstånd från författaren eller utgivaren, förutom i fallet med korta citat i kritiska recensioner och vissa andra icke-kommersiella användningar som är tillåtna enligt upphovsrättslagen.

# INNEHÅLLSFÖRTECKNING

# DEDIKASION

Först vill jag tacka Gud för att Han gav mig nåden att skriva denna bok.

Till min familj – tack för er orubbliga kärlek och tro på mig.

Till min man – din tålamod, uppmuntran och tro på mina drömmar har varit grunden för min styrka. Tack för att du är mitt ankare och mitt största stöd.

Till mina vänner som lyssnade på mina idéer, firade mina milstolpar och påminde mig om att fortsätta när processen kändes överväldigande – era uppmuntrande ord bar mig igenom.

Till mitt förlagsteam – tack för er expertis, era insikter och er hängivenhet i att förverkliga denna vision. Er vägledning har varit ovärderlig, och jag är djupt tacksam för ert hårda arbete och er tro på detta projekt.

Till er läsare som har stöttat mig längs vägen – genom tidig feedback, genom att dela era egna berättelser eller helt enkelt genom att öppna denna bok – tack för att ni anförtrodde mig er tid och uppmärksamhet. Er nyfikenhet och öppenhet är det som gör detta verk meningsfullt.

Slutligen vill jag tacka de många människor – vissa jag har mött, andra jag bara har observerat – som har visat mig skönheten i motståndskraft, ambition och nåd. Ni har inspirerat mig att reflektera djupare över livets utmaningar och glädjeämnen, och det är era berättelser som ger näring åt mitt skrivande.

Denna bok är lika mycket er som den är min.

Tack för att ni är en del av denna resa.

# FÖRFATTARENS ORD

Tack för att du har valt att påbörja denna resa tillsammans med mig. Att skriva denna bok har varit en djupt personlig upplevelse – en spegling av min egen vandring genom livets komplexitet, sökandet efter mening och viljan att växa.

Min förhoppning är att orden på dessa sidor ska beröra dig, utmana dig och inspirera dig att ta modiga steg mot det liv du alltid har föreställt dig.

Livet är en fin balans mellan att drömma stort och att finna tillfredsställelse i nuet. Det handlar om att upptäcka vem du är, vad du värdesätter och hur du kan leva med syfte även när framtiden känns osäker.

På vägen kommer du möta hinder, tvivel och kanske rädslan för att misslyckas. Men kom ihåg: dessa utmaningar är inte stoppklossar – de är språngbrädor. Varje steg för dig närmare ditt sannaste jag.

När du läser vill jag uppmuntra dig att reflektera över din egen resa.

Vilka drömmar tänder en eld i din själ?

Vilka små glädjeämnen ger dig frid?

Hur kan du gå framåt och samtidigt vara rotad i tacksamhet?

Jag hoppas att denna bok får vara en följeslagare och vägledare när du vandrar din unika väg. Du är inte ensam i din längtan efter syfte. Oavsett om du är i början, mitt i, eller blickar tillbaka på allt du har åstadkommit, finns det skönhet i varje steg.

Lita på processen. Lita på dig själv. Sluta aldrig tro på kraften i tillväxt och möjligheter.

Jag kommer att tilltala dig som Drottning, för jag vill att du ska se dig själv i din högsta och bästa version. Alltför ofta har vi fått höra att vi inte ska tänka för högt om oss själva, så vi krymper för att inte göra Andre obekväma.

Men har du någonsin tänkt på att Gud kanske vill att du ska se dig själv upphöjd?

Kanske har du aldrig fått höra att du är tillräcklig. Tillräckligt vacker. Tillräckligt smart. Och kanske lämnade det ärr av osäkerhet och låg självkänsla.

Jag vill att du ska veta:

Du är en Drottning – innan din Kung ens träder in i ditt liv. Och jag ska berätta varför i ett senare kapitel.

Du är ett utvalt släkte och ett kungligt prästerskap.

# INTRODUKTION

Har du någonsin känt en stilla knuff djupt inom dig – en ihärdig viskning som uppmanar dig att söka något mer? Att upptäcka den unika anledningen till att du placerades på denna jord?

Den viskningen är kallelsen till ditt syfte. Dragningen mot ditt öde.

Att finna vägen till sitt syfte och sin bestämmelse är en av livets mest djupgående resor. Det är inte ett enda ögonblick av klarhet, utan en pågående process av upptäckt, tillväxt och inre justering.

Den kräver mod att ställa de stora frågorna:

Varför är jag här?

Vilka gåvor bär jag inom mig?

Hur lever jag ett liv fyllt av mening?

Vägen är sällan rak. Den är fylld av omvägar, lärdomar och möjligheter till självreflektion. Den kräver tålamod, motståndskraft och viljan att omfamna både framgång och motgång.

Den kallar dig att drömma stort – men också att finna tacksamhet i var du står just nu.

Denna bok är en inbjudan att utforska den resan.

Din resa är lika unik som dina fingeravtryck. Ingen kan gå den åt dig – men du behöver inte gå den ensam.

Ta ett djupt andetag.

Låt oss börja.

Vägen till ditt syfte och din bestämmelse väntar.

# FRYSHUSET

När jag började på Fryshuset bar jag på en dröm som var större än min rädsla. Musik var inte bara ett ämne för mig det var mitt språk, min tillflykt, min identitet. Jag hade valt musik som huvudämne, och redan första veckan förstod jag att det här inte var en vanlig skola. Det var intensivt. Krävande. Nästan som en svensk version av Juilliard School i atmosfär – talang överallt, konkurrens i luften, blickar som mätte och vägde varje ton du sjöng.

Men bakom ambitionen fanns också en hårdhet.

Jag blev mobbad. Inte alltid öppet. Inte alltid högt. Men konstant. Små kommentarer om min röst. Om hur jag klädde mig. Om vem jag var. Ibland var det skratt som tystnade när jag kom in i rummet. Ibland var det blickar som fick mig att känna mig som en främling i mitt eget klassrum.

Musiken, som skulle vara min fristad, blev en arena där jag kände att jag ständigt behövde bevisa mitt värde.Åren där var psykiskt nedbrytande. Jag bar på en ensamhet som ingen riktigt såg. Jag gick hem med en klump i magen och vaknade med ångest inför nästa dag. Jag började ifrågasätta min begåvning, mitt kall, till och med min rätt att ta plats.

Depressionen smög sig på. Det var inte bara sorg det var en känsla av att inte höra hemma någonstans. Varken i klassrummet. Varken bland eleverna. Ibland inte ens i min egen kropp. Jag kände mig fel, som om jag hela tiden var en ton utanför harmonin.

Det var en extremt utmanande period. Men mitt i allt vägrade jag ge upp. Något inom mig visste att min historia inte slutade där. Jag stod ut. År efter år. Jag svalde tårar, jag tränade hårdare, jag bad tyst för mig själv. Och till slut jag tog examen.

När jag höll mitt examensbevis i handen kändes det inte bara som ett papper. Det var ett bevis på överlevnad. Kort därefter tog jag ett beslut som förändrade mitt liv: jag flyttade till USA för att förfölja min musikkarriär. Jag lämnade allt jag kände till, med en resväska och en dröm. Jag trodde att det svåraste låg bakom mig. Jag hade fel.

# HEMLÖS I DRÖMMENS LAND

USA var landet jag hade sett i musikvideor och filmer. Möjligheternas land. Men för mig började det med kamp. Efter att jag avslutat mitt au pair-år genom Cultural Care Au Pair förändrades allt. Programmet gav mig en början, ett tak över huvudet och struktur. Men när året var över stod jag plötsligt utan stabilitet. Jag började sova på olika vänners soffor. Couch hopping blev min vardag. En vecka här. Några dagar där. Alltid med känslan av att vara till besvär. Alltid med väskan packad ifall jag behövde gå. Till slut hade jag ingenstans att ta vägen.

Jag hittade en lösning som var både desperat och kreativ: 24 Hour Fitness. Gymmet var öppet dygnet runt. Jag skaffade ett medlemskap. Jag hyrde ett litet förråd där jag förvarade mina tillhörigheter. På dagarna höll jag mig ute – bibliotek, caféer, promenader för att få tiden att gå. På kvällarna gick jag tillbaka till gymmet. Jag duschade där. Jag satt i omklädningsrummet tills det blev sent. Sedan hittade jag en lugn plats och sov så gott jag kunde.

Det var förnedrande. Det var kallt. Det var ensamt. Som om det inte räckte hamnade jag under en period utan korrekt dokumentation. Jag lyckades inte hantera min visastatus i tid och hamnade "out of status". Det betydde att jag inte fick arbeta lagligt. Ingen inkomst

## Från Bojor till Frihet

Jag var desperat efter år av kamp mot depression. Längtan efter min familj i Sverige var överväldigande, men jag visste innerst inne att Gud ville att jag skulle gå den här vägen ensam. Trots att jag hade haft ett möte med Jesus i ung ålder fanns det så mycket jag behövde lära mig.

Jag plågades av återkommande mardrömmar från barndomstrauman, ekonomiskt kaos och en djup, orubblig tomhet. Jag längtade efter svar – vilka svar som helst. Min barndom präglades av avvisande, övergrepp och övergivenhet. Jag hade hört talas om Gud när jag växte upp, men jag kände Honom aldrig personligen. Mina böner kändes tomma, mitt hopp var nästan borta.

En dag gick jag på en lokal festival. Jag hade ingen aning om att jag där skulle möta en kvinna som lovade att ta bort mörkret. Jag trodde att hon var sänd av Gud – hon hade trots allt en bild av Jesus i sitt skyltfönster. Jag var fortfarande en andlig baby och hade inte rätt gemenskap omkring mig som kunde vägleda mig. Jag var ett får som hamnade i händerna på ett får i vargakläder.

Hon sa att hon var sänd av Gud för att hjälpa mig, och jag trodde henne.

"Du är omgiven av tung energi", sa kvinnan. "Jag kan bryta den, men du måste lita på mig."

Det som började som ett engångsbesök blev veckovisa möten. Kvinnan, som kallade sig "Light", sa att mitt liv var förbannat och att jag bara kunde bli fri genom djupa "reningsritualer" och andliga offer. Jag började ge henne pengar regelbundet  hundratals dollar. Sedan tusentals.

Men jag började må sämre. Mardrömmarna intensifierades. Jag började känna som om en ande alltid var runt mig. Kvinnan sa att det betydde att "demonerna kom upp till ytan" och att hon behövde göra mer  fler ritualer, mer hjälp, mer pengar. Och jag trodde henne. Jag tänkte att hon var sänd av Jesus, som jag mötte den där söndagsmorgonen i kyrkan i Sverige.

Jag följde märkliga instruktioner. Brände ljus och örter. Sov med kristaller. Sjöng och upprepade saker jag inte förstod. Jag slutade äta vissa livsmedel, slutade prata med vänner och familj, slutade gå ut. "Light" sa att det var en del av min "andliga rening".

I själva verket blev jag en fånge  mentalt, känslomässigt, andligt. Jag insåg inte att jag hade öppnat en dörr för det demoniska. Jag började höra röster. Skuggor visade sig i mitt rum. Jag kunde inte sova. Jag kände mig iakttagen. Jag höll på att brytas ner. Fångad. Avtrubbad. Tom.

Tills en dag förändrades allt.

Hon brukade låta mig gå runt i San Jose och dela ut hennes flygblad. Jag trodde att jag gjorde något gott för Gud, men jag förstod senare att det var ondska och att jag var under hennes kontroll. En dag satte jag mig på en buss, utmattad och tom, på väg till ännu en plats. Jag stirrade ut genom fönstret när en ung man på andra sidan gången närmade sig mig.

”Ursäkta”, sa han. ”Jag vill inte störa dig, men… jag kände att Herren sa att jag skulle tala med dig. Jesus älskar dig. Han vill att du ska veta att det inte är för sent.”

Tårarna fyllde mina ögon. Jag visste inte varför. Jag hade inte hört namnet Jesus på flera år.

Han fortsatte: ”Du har letat efter ljus på fel platser. Men Han är ljuset. Det du kämpar med är inte ditt att bära. Han bar det redan på korset.”

Något genomborrade mitt hjärta. Orden kändes som sanning – en sanning jag hade hört förut men på något sätt tappat bort. Han räckte mig en liten Bibel och sa: ”Om du är redo att bli fri, säg bara ja till Honom. Han tar det härifrån.”

Jag klev av bussen skakande. Jag såg kyrkan på andra sidan gatan. Jag visste att jag inte kunde stanna i San Jose och definitivt inte gå tillbaka till kvinnans butik. När jag kom tillbaka till Oakland gick jag in i Covenant Worship Center, sönderbruten och osäker. Det var bibelstudium mitt i veckan, och pastorn välkomnade mig. Under förbönen reste jag mig och sa genom tårar: ”Jag har blivit lurad. Jag har varit fången. Men jag vill bli fri.”

En av ledarna bad för mig, och den kvällen tog jag emot den Helige Ande. Jag hörde en stilla viskning inom mig: ”Fråga om dopet.” Veckan därpå återvände jag till kyrkan.

# I VATTNET

Kyrkan var tyst. Helgedomen dämpad. En stillhet som fick varje fotsteg att eka. Jag gick in skakande, genomsvettig, håret klistrat mot ansiktet. Mina ögon var vilda – inte av galenskap, utan av plåga. Det kändes som om jag hade sprungit hela natten. Inte från människor, utan från något djupare röster i mitt sinne, tyngd över bröstet, rädsla som följde mig in i mina drömmar.

Men den Helige Ande viskade: "Det finns frihet i vattnet."

Dopgraven stod längst fram, täckt och orörd. Ingen gudstjänst. Ingen musik. Bara tystnad. Jag gick rakt fram. Mina händer darrade när jag drog bort locket. Vattnet var stilla. Svalt. Väntande.

Och jag ropade högt, rått, som ett stridsrop:

"Jag ser att du vill ta mitt liv, Satan... men jag ger det till Jesus!"

Luften förändrades. Som om helvetet skrek, men himlen reste sig högre. Utan att vänta på ceremoni eller applåder kastade jag mig ner i vattnet kropp, själ och ande helt nedsänkt.

I samma ögonblick bröts något. Plågan knäppte av som kedjor som faller till marken. Rösterna tystnade. Min kropp slutade skaka.

När jag kom upp ur vattnet var jag inte densamma. Människorna i kyrkan hjälpte mig upp. Det var början på min befrielse. Mina kläder var genomblöta, min ryggsäck och min Bibel likaså. Jag tittar fortfarande på den Bibeln ibland som en påminnelse om dagen då Jesus befriade mig från demoniskt förtryck.

Det som år av terapi, ritualer och flykt inte kunde göra, gjorde en enda handling av överlåtelse. Jesus mötte mig i vattnet – inte för att vattnet var magiskt, utan för att mitt hjärta var redo.

Jag valde livet. Jag valde Kristus. Jag döptes i Jesu Kristi namn.

När jag bekände Jesus som Herre och avsade mig varje oren ande var det som om en slöja lyftes. Ett skrik kom djupt inom mig när år av plåga bröts och andar drevs ut. När jag kom upp ur vattnet den gången var mörkret borta. Tyngden var borta. Rösterna var tysta.

Jag var fri.

Det som en gång verkade vara ljus var falsk eld. Fienden hade förklätt häxkonst som visdom, den synska kvinnan som en ljusets ängel – men i själva verket var hon av mörker. Men Gud, i sin barmhärtighet, räddade mig.

Idag delar jag mitt vittnesbörd frimodigt. Gud har gett mig nåd att varna andra för andlig förförelse och faran med ockultism. Han fyllde mig med den Helige Ande för att leda andra till frihet genom samma Jesus som fann mig på den där stadsbussen i San Jose.

Gud kan rädda vem som helst – även den som varit djupt i villfarelse. Fienden kan försöka förklä sig som ljus, men det sanna Ljuset avslöjar alltid mörkret. När vi säger ja till Jesus faller kedjorna. Lögnerna bryts. Och sann helande börjar

# BEFRIELSE FRÅN MÖRKRET

”Han har frälst oss från mörkrets välde och fört oss in i sin älskade Sons rike.” – Kolosserbrevet 1:13

Mörker kommer i många former. För vissa är det depression som inte släpper. För andra är det beroende, rädsla, övergrepp eller demoniskt förtryck. Ibland är mörkret yttre omständigheter som krossar själen. Ibland är det inre skuld, skam eller känslan av att vara långt ifrån Gud.

Men hur djupt mörkret än är finns det En som har makt att bryta det. Jesus Kristus fruktar inte mörker. När Han talar faller kedjor och ljus strömmar in. Befrielse är inte bara känslomässig lättnad. Det är andlig frigörelse  att ryckas ur fiendens grepp och placeras tryggt i Faderns armar.

Befrielse kräver:

- Överlåtelse du kan inte bli fri om du håller fast vid det som binder dig.
- Omvändelse  att vända sig bort från synd bryter överenskommelse med mörkret.
- Auktoritet i Kristus har vi makt att tala emot demoniska krafter.
- Gemenskap  helande sker ofta tillsammans med troende som ber och vandrar med dig.
- Sanning  Guds Ord är ditt vapen.

Du är inte skapad för att leva bunden. Jesus sa: ”Om Sonen gör er fria, blir ni verkligen fria.”

## När ljuset söks i mörkret

I vår tid söker många människor sanning, ljus och mening. De längtar efter hopp, riktning och andlig uppenbarelse. Men i sin längtan vänder sig många till platser som verkar lysa – men som i själva verket är fyllda av mörker. New age-praktiker, tarotkort, andebesvärjelser, voodoo, mytologi, spiritism och det som kallas “svart magi” presenteras ofta som vägar till insikt och kraft. De marknadsförs som oskyldiga verktyg för självutveckling och upplysning.

Men Bibeln varnar tydligt för detta.

I Femte Mosebok står det:

"Hos dig får det inte finnas någon som låter sin son eller dotter gå genom eld, ingen som utövar spådom, teckentydare, svartkonstnär eller trollkarl, ingen som kastar besvärjelser, ingen andebesvärjare, ingen som frågar de döda. Ty var och en som gör sådant är avskyvärd för Herren."
— 5 Mosebok 18:10–12

Redan i det gamla förbundet talade Gud klart om att Hans folk inte skulle söka vägledning hos andar, magi eller dolda krafter. Inte för att Han vill begränsa oss – utan för att Han vill skydda oss. Det som ser ut som ljus är inte alltid ljus.

Aposteln Paulus skriver:

"Och det är inte att undra på. Satan själv förklär sig till en ljusets ängel."
— 2 Korinthierbrevet 11:14

Det finns ett falskt ljus ett ljus som lockar, fascinerar och ger en känsla av kontroll. Men det leder inte till frid. Det leder inte till frihet. Det leder inte till Gud.

## Min egen resa

Jag vet detta, för jag har själv gick den vägen.

Jag trodde att ljuset fanns i tarotkort. Jag trodde att universum talade genom symboler och energier. Jag drogs till new age-idéer om manifestation, andliga guider och kosmiska tecken. Det kändes andligt. Det kändes mystiskt. Det kändes som om jag närmade mig något större. Men innerst inne fanns en oro. En tomhet. En känsla av att jag sökte men aldrig riktigt fann. Det jag inte förstod då var att jag letade efter Jesus hela tiden.

Jesus säger:

"Jag är vägen och sanningen och livet. Ingen kommer till Fadern utom genom mig."
—Johannes 14:6

Inte en av många sanningar. Han är vägen. Han är sanningen. Han är livet. När Jesus uppenbarade sig för mig förändrades allt. Det var inte genom ritualer. Det var inte genom kort eller symboler. Det var genom en enkel, uppriktig bön. När jag ropade på Honom mötte Han mig. Ljuset jag hade sökt i mörka rum fann jag i Hans närvaro.

Johannes skriver:

"I honom var liv, och livet var människornas ljus. Och ljuset lyser i mörkret, och mörkret har inte övervunnit det."
Johannes 1:4–5

Det är detta ljus jag hade letat efter.

## En bön för den som söker

Min bön är att varje människa som läser detta – särskilt du som kanske är involverad i ockulta praktiker, new age eller spiritism – ska förstå att det finns en annan väg. En ren väg. En sann väg.

Jesus är inte en energi. Han är inte en symbol. Han är Guds Son. Och Han lever. Om du vill ha en ny början behöver du inte utföra en ritual. Du behöver inte "rena din energi". Du behöver inte bli perfekt först. Du kan helt enkelt be:

"Jesus, om Du är sanningen, visa Dig för mig. Förlåt mig. Led mig. Hjälp mig att vandra med Dig varje dag."

Bibeln säger:

"Om vi bekänner våra synder är han trofast och rättfärdig, så att han förlåter oss synderna och renar oss från all orättfärdighet."
— 1 Johannesbrevet 1:9

## Hur ser det ut i praktiken att vandra med Jesus?

Att följa Jesus är inte mystiskt det är relation.

Det innebär:

- Att börja dagen i bön – tala med Honom som med en vän.
- Att läsa Bibeln och låta Guds ord forma dina tankar.
- Att avsäga dig tidigare ockulta praktiker och ta bort föremål som kopplar dig till dem.
- Att söka en kristen gemenskap där du kan växa i tro.
- Att dagligen be om vägledning och överlämna dina beslut till Honom.

När vi närmar oss Gud, närmar Han sig oss (Jakobsbrevet 4:8).

Det är en daglig vandring. Ibland stilla. Ibland utmanande. Men alltid fylld av nåd. Det ljus jag sökte i tarotkort fann jag i Kristus. Den sanning jag sökte i universum fann jag i Guds Ord. Den frid jag försökte manifestera fann jag i Hans närvaro. Jesus är inte bara ett alternativ. Han är svaret. Och för dig som läser detta: det är aldrig för sent att vända om. Ljuset väntar på dig.

## Deklarera detta över ditt liv

Jag bryter varje överenskommelse med lögn, varje ande och varje mörkrets kedja som har försökt hålla mig fången. Jag avsäger mig rädsla, beroende, skam och varje oren påverkan. Jag tar emot den Helige Andes frihet, ljus och kraft. Jag tillhör Guds rike, och inget vapen som smids mot mig ska ha framgång.

I Jesu namn, amen.

## Frågor att reflektera över

Vilka områden i ditt liv känns fortfarande överskuggade av mörker?

Vilken sanning från Guds Ord kan du tala in i den situationen idag?

# VEM ÄR DU?

Hej!

Vet du verkligen vem du är? Jag menar den verkliga du. Inte versionen andra förväntar sig. Inte den du format för att bli accepterad. Utan den version som Gud själv skapade och kallade vid namn innan världen ens såg ditt ansikte.

Jag kallar dig Drottning för det är vad du är i din kärna. Inte på grund av en man. Inte på grund av en krona på ditt huvud. Utan för att det redan var inskrivet i din identitet innan du tog ditt första andetag.

Du var en Drottning innan någon erkände det.

När jag insåg att jag har en himmelsk Fader som älskar mig villkorslöst, förändrades allt. Att veta att jag är skapad med syfte och bestämmelse gav mitt liv en mening jag aldrig tidigare känt.

Och denna sanning är inte bara min – den är din också.

Du var inte skapad för mindre.

Du var skapad för fullhet. För överflöd. För syfte.

# DITT ÖDE KALLAR

En av mina favoritfilmer är En natt med kungen (One Night with the King), berättelsen om drottning Ester. Filmen inleds med en djup berättarröst som säger:

"Varifrån kommer en människas livssyfte? Är det en slump – eller är det ödet som kallar oss alla?"

Ditt syfte och ditt öde går hand i hand. De kan inte separeras. När du finner ditt syfte kommer du att uppfylla ditt öde.

Ordet "öde" betyder de händelser som nödvändigtvis kommer att ske i en persons framtid. Länge trodde jag att ödet var en destination. Men öde är de nödvändiga händelserna som formar vår framtid.

1 Petrusbrevet 2:9 säger:

"Men ni är ett utvalt släkte, ett kungligt prästerskap, ett heligt folk, ett Guds eget folk, för att ni ska förkunna hans härliga gärningar, han som har kallat er från mörkret till sitt underbara ljus."

Detta betyder att du är utvald av Gud för ett särskilt syfte. Inte på grund av din egen förtjänst, utan genom Hans nåd.

Du är kunglig i andlig mening. Du är arvinge till Guds rike.

Som del av ett kungligt prästerskap har du direkt tillgång till Gud genom Jesus Kristus. Du är kallad att tjäna, be, lovsjunga och bära Hans ljus.

Helighet betyder att vara avskild för Guds syfte.

Att vara ett "särskilt folk" betyder inte märklig – utan dyrbar, unik och tillhörande Gud.

Syftet med detta är att du ska återspegla Hans härlighet. Att leva som ett vittne om Hans nåd, som har fört dig från mörker till ljus.

## Bön

Käre Gud,

må min syster finna inre frid kring sitt öde. Ta bort allt tvivel och all förvirring. Tysta de negativa röster som säger att hon inte är tillräcklig. Ge henne en inre trygghet att förstå vad Du har lagt i henne.

Hon är skapad för storhet. Du har kartan till hennes öde. När hon överlämnar sig till Din vilja kommer allt att falla på plats.

I Jesu namn, Amen.

# RESAN MOT DITT ÖDE

Syster, låt inte rädsla eller distraktioner leda dig bort från det du är kallad att göra. Dina möjligheter till nästa nivå kan stå precis framför dig. Oavsett om du längtar efter nya möjligheter i relationer, utbildning, ekonomi eller andra områden i livet – missa inte tåget som ska föra dig till din nästa nivå.

Det kan vara svårt att tro på öde, särskilt om dina erfarenheter har varit tuffa. Men även om du inte ser det tydligt just nu, kan det vara nödvändigt att packa upp allt du har gått igenom för att nå dit ditt öde väntar på dig. Livet sker i etapper. Händelserna som påverkar dig är inte slumpmässiga – de inträffar vid bestämda tider för att föra dig framåt, i riktning mot ditt öde. Och när du når din destination kommer du att förstå hur skickligt allt vävdes samman.

Dessa händelser formar dig. De lyfter dig till den nivå du alltid var ämnad för. Din förmåga att göra ett bestående avtryck i din gemenskap och i världen blir mer påtaglig, eftersom du bär på något värdefullt som världen behöver.

All erfarenhet är subjektiv. En person kan se glaset som halvtomt, en annan som halvfullt – och båda har rätt. Om du accepterar att ditt liv är en gåva, en chans på en miljard, ett gudomligt ingripande – då börjar du förstå att varje upplevelse tjänar ett större syfte. Du kommer att känna tacksamhet för det som ger glädje och släppa frustrationen över det som inte blev som du tänkt dig.

Fokusera på ditt liv och där du befinner dig nu. Du föddes. Du lever. Du söker svar. Det är naturligt att känna besvikelse när saker inte går som planerat. Det är mänskligt. Men lär dig att möta motgång med en gnutta optimism.

Tänk på alla gånger något inte blev som du ville – men ändå slutade väl. Ofta finns en anledning vi inte förstår i stunden. Samla de erfarenheterna. Uppskatta det som fungerar, även om det inte ser ut exakt som du föreställde dig.

Begreppet öde är djupt sammanflätat med tro och hopp. Att omfamna sitt öde innebär att erkänna sitt syfte och leva i linje med sina värderingar och sin tro.

Här är några steg för att hjälpa dig upptäcka ditt öde:

- Ägna tid åt självreflektion. Förstå dina styrkor, passioner och värderingar.
- Sök gudomlig vägledning genom bön och meditation. Be om klarhet.
- Lyssna på din intuition och din inre röst.
- Be den Helige Ande vägleda dig.

Ordspråksboken 3:5 säger:

"Förtrösta på Herren av hela ditt hjärta och lita inte på ditt eget förstånd. På alla dina vägar, tänk på honom, så ska han göra dina stigar raka."

Skapa en vision för ditt liv. Visualisera vilken påverkan du vill göra. Sätt tydliga mål som är konkreta, mätbara och i harmoni med din tro.

Bryt ner målen i hanterbara steg. Var uthållig. Förstå att ödet ofta kräver hårt arbete och trofasthet. Var öppen för oväntade vägar – ibland leder de dig rakt in i ditt sanna öde.

Utveckla motståndskraft. Lita på att det finns en högre plan, även under svåra tider. Tron på att allt har en mening ger frid, riktning och styrka.

# ISOLATIONENS SÄSONG

Det fanns en tid på min resa mot mitt syfte då jag kände mig avklädd allt som var bekant. Människor jag trodde skulle stå vid min sida gled tyst bort. Vänner som brukade ringa varje dag blev plötsligt för upptagna. Familjen såg på mig med förvirring när jag försökte förklara den vision Gud lagt i mitt hjärta. Det var som om jag talade ett språk ingen annan förstod.

Jag minns nätter då tystnaden i rummet kändes tung mot bröstet. Jag ropade till Gud: Varför ger Du mig denna dröm, denna kallelse, bara för att låta mig känna mig så ensam i den?

Det kom inga snabba svar. Bara långa perioder av stillhet som tvingade mig att möta mina tvivel och min ensamhet.

Till slut insåg jag något: isolationen var inte ett straff – den var förberedelse. Gud tog bort bruset så att jag skulle kunna höra Hans röst.

Jag lärde mig skillnaden mellan att vara omgiven och att vara buren. Jag kunde inte längre leva på andras applåder. Jag var tvungen att vandra med Gud ensam.

Det gjorde ont. Men i de nätterna växte jag. Min tro blev mindre känslostyrd och mer grundad i förtröstan. Jag slutade be Gud ta bort säsongen och började istället be Honom undervisa mig i den.

Och Han gjorde det.

Isoleringen var vildmarken som förberedde mig för löftet. Den mörka jorden där mina rötter växte sig djupa.

Om du befinner dig där nu – där telefonen är tyst och ingen verkar förstå – kom ihåg: du är inte bortglömd. Isoleringen är inte slutet. Det är den heliga plats där Gud formar och stärker dig.

# EGYPTENS FURSTE JOSEF

Josef var annorlunda redan som ung. Han bar drömmar för stora för sin ålder. Hans far Jakob älskade honom och gav honom en färggrann mantel – ett tecken på favör som väckte brödernas avund.

”Där kommer drömmaren,” sade de hånfullt.

De kastade honom i en brunn. Sålde honom för tjugo silvermynt. Förde honom till Egypten som slav.

Men himlen var inte tyst.

I Potifars hus fann Josef nåd. Allt han gjorde lyckades. Men prövningen kom. Falskt anklagad kastades han i fängelse.

Ändå var Herren med honom.

I fängelset tydde han drömmar. Blev bortglömd. Två år i tystnad.

Men Gud hade inte glömt.

När farao drömde och ingen kunde tyda, kallades Josef. Han sade:

“Det är inte jag, utan Gud ska ge farao svar.”

Han tydde drömmen – sju år av överflöd, sju år av svält.

På en dag gick han från fånge till furste. Farao satte sin ring på Josefs hand. Egypten böjde knä.

När hans bröder senare kom för att köpa säd böjde de sig inför honom – utan att veta att det var Josef.

Han kunde ha valt hämnd. Men han sade:

"Ni tänkte ont mot mig, men Gud har tänkt det till godo."

Gropen förde honom till palatset. Smärtan födde syfte. Prövningen förberedde honom.

Josefs liv visar att ödet är en process.

Gropen lärde honom ödmjukhet.

Slaveriet lärde honom förvaltarskap.

Fängelset lärde honom tålamod.

Palatset uppenbarade hans syfte.

# ATT LITA PÅ PROCESSEN

Att lita på processen är att ha tro även när slutresultatet inte syns. Det är att vara tålmodig, uthållig och engagerad. Framsteg sker gradvis. Motgång är en del av tillväxt.

Lita på att det finns en gudomlig plan för ditt liv.

Släpp behovet av att kontrollera allt.

Överlämna dig.

Reflektera regelbundet över din utveckling. Justera dina mål vid behov.

Fira dina framsteg. Var inte så ivrig att starta nästa projekt att du glömmer att fira det du redan har uppnått.

Syster, odla en attityd av tacksamhet.

Använd dina gåvor för att tjäna andra. Att påverka andras liv ger en djupare känsla av mening.

Genom att omfamna dessa steg närmar du dig ditt öde – förankrad i tro och fylld av hopp.

# UTHÅLLIGHETENS NATUR

Uthållighet är mer än ren beslutsamhet. Det är förmågan att fortsätta framåt, även när vägen verkar oändlig och hindren oöverstigliga. Det är styrkan att resa sig efter ett fall, att hålla ut när man möter avslag och att fortsätta trots stunder av tvivel. Uthållighet garanterar inte omedelbara resultat, men den säkerställer tillväxt, motståndskraft och så småningom klarhet i syftet.

Att finna sitt syfte börjar ofta med en viskning – en inre kallelse eller en längtan efter att göra skillnad. Men när du börjar svara på den kallelsen kan livet ställa dig inför prövningar som testar din beslutsamhet. Dessa utmaningar är inte tecken på att du är på fel väg, utan snarare inbjudningar att växa, bli visare och mer i samklang med dig själv.

Tänk till exempel på konstnären som kämpar för att hitta sin röst, entreprenören vars idéer gång på gång blir avvisade eller studenten som misslyckas innan hen bemästrar sitt hantverk. Varje motgång blir en läxa. Varje fördröjning ett test av engagemang. Genom uthållighet förfinar de inte bara sina färdigheter utan också sin förståelse för vad som verkligen driver dem.

Misslyckande ses ofta som framgångens fiende, men i själva verket är det en av dess största lärare. När du håller ut genom misslyckanden lär du dig att anpassa dig, förnya dig och se utmaningar som möjligheter till tillväxt. Thomas Edison sade om sina många misslyckade försök att uppfinna glödlampan:

"Jag har inte misslyckats. Jag har bara hittat 10 000 sätt som inte fungerar."

Hans uthållighet upplyste inte bara hans syfte utan också miljontals människors liv.

Att hålla ut i osäkerhet kan vara känslomässigt dränerande. Det kommer att finnas stunder av tvivel när du undrar om ansträngningen är värd det, om din vision är för ambitiös eller om du ens är kapabel att nå den. Det är i dessa stunder som uthållighet betyder som mest. Det är under de mörkaste nätterna som stjärnorna lyser klarast, och genom fortsatt ansträngning uppstår klarhet.

Uthållighet är inte en medfödd egenskap – den kan odlas och utvecklas. Här är några strategier för att stärka den på din resa mot att finna ditt syfte:

- Även om ditt slutliga syfte ännu inte är tydligt, definiera mindre, konkreta mål som stämmer överens med dina passioner och värderingar.
- Se motgångar som möjligheter att lära, snarare än skäl att ge upp.
- Syster, omge dig med människor som uppmuntrar och tror på dig. Deras stöd kan ge dig styrka när din egen tro sviktar.
- Behandla dig själv med vänlighet under svåra stunder. Vägen till syftet är ett maraton, inte en sprint.
- Kom alltid ihåg ditt "varför". När vägen blir tuff, påminn dig själv om varför du började. Ditt syfte är värt ansträngningen, även om resan är lång.

# DIN BELÖNING FINNS PÅ ANDRA SIDAN AV UTHÅLLIGHETEN

Uthållighet för dig inte bara närmare ditt syfte – den förvandlar dig längs vägen. Du blir mer motståndskraftig, mer resursstark och mer självsäker. Du får modet att möta utmaningar och visdomen att uppskatta processen. Framför allt upptäcker du att ditt syfte inte bara handlar om destinationen, utan om den tillväxt du upplever och de liv du berör under resans gång.

I slutändan ligger skönheten i uthållighet i dess kraft att förvandla drömmar till verklighet. Varje steg, hur litet det än är, för dig närmare uppfyllelsen av ditt syfte. Så fatta mod och fortsätt. Vägen kan vara slingrande, men med uthållighet som din guide kommer du att finna den klarhet och den uppfyllelse du söker.

# LYSSNAR DU?

Ditt öde kallar – lyssnar du? Människor som lyssnar till sitt öde tenderar att åstadkomma något stort. Det finns ingen magi i det. Vi blir ofta det vi tänker på. Tänker du positivt, skapar du något positivt. Tänker du negativt, kommer du att finna just det – negativitet.

Att höra Guds röst handlar ofta om att känna sig vägledd eller inspirerad av en gudomlig närvaro. Människor upplever detta på många sätt – genom bön, meditation, skriften eller stunder av djup intuition. Det kan innebära en känsla av inre frid, klarhet eller en stark övertygelse om vilken väg som är rätt. För många är detta djupt personligt och ger en känsla av mening och riktning i livet.

Att låta sig ledas av Gud och inte av sina egna begär innebär att anpassa sina handlingar, beslut och ambitioner efter det man tror är Guds vilja. Det kräver ofta ödmjukhet och att man överlämnar personliga ambitioner som kan stå i konflikt med andliga principer. Det handlar om att prioritera andliga värderingar framför omedelbar tillfredsställelse och att lita på att denna väg leder till djupare uppfyllelse.

Ditt sinne är kraftfullt, och dina tankar blir till verklighet. Ditt sinne söker det du ber det att söka. Om du fokuserar på allt som är fel, kommer du att finna det. Om du ständigt letar

# ATT ÖVERVINNA UTMANINGAR

”Ty jag vet vilka tankar jag har för er, säger Herren, fridens tankar och inte ofärdens, för att ge er en framtid och ett hopp.” – Jeremia 29:11

Livet känns ofta som en serie av utmaningar. Vissa små och hanterbara, andra överväldigande. I svåra stunder är det lätt att ifrågasätta sitt syfte och sina förmågor. Men detta bibelord påminner oss om att även när vi inte förstår vägen, har Gud en god plan.

Profeten Jeremia skrev dessa ord till Israels folk när de levde i exil i Babylon – en tid av osäkerhet och förtvivlan. De kände sig övergivna. Ändå påminde Gud dem om att deras lidande inte var slutet på deras berättelse. Hans plan var fortfarande i rörelse.

När du möter motgångar, påminn dig själv:

- Vad kan Gud vilja lära mig i denna säsong?
- Hur kan denna utmaning förbereda mig för det som kommer?

Guds planer är att ge dig hopp och en framtid. Det betyder inte att livet är fritt från smärta, men att varje prövning kan användas för att forma, stärka och förbereda dig.

Psalm 27:13–14 säger:

”Jag är viss om att få se Herrens godhet i de levandes land. Hoppas på Herren! Var stark och frimodig, ja, hoppas på Herren!”

När du kämpar – be. Sök vishet. Sök styrka. Sök klarhet. Gud arbetar ofta steg för steg. Fokusera på nästa rätta steg, inte hela resan på en gång.

Habackuk 3:17–18 visar en orubblig tro:

”Även om fikonträdet inte blommar… ändå vill jag jubla i Herren.”

Det är där styrkan föds – i tilliten mitt i osäkerheten.

# ATT FINNA DITT SYFTE

Ordet ”syfte” betyder anledningen till att något existerar. Tänk på ett lyxmärke som Louis Vuitton. Varje design har en avsikt, en tanke, en funktion. Men du är skapad med ett ännu större syfte – av den yttersta Skaparen.

En del av ditt syfte är att påverka liv, göra skillnad och lämna avtryck för nästa generation. Ofta hittar vi vårt syfte genom det vi har gått igenom. Vi blir lösningen på problem vi själva har överlevt.

Ibland upptäcker man sina gåvor genom att prova olika saker. Att våga testa, även sådant man senare inser inte var rätt. Genom gemenskap, tro och tjänande kan dolda gåvor börja komma fram. Omge dig med människor och miljöer som utvecklar det som finns inom dig.

Om du ännu inte funnit din passion – fortsätt söka. Den finns där. Du behöver bara upptäcka den.

---

Du lever inte av en slump. Du har ett uppdrag. Den svåraste delen är att identifiera det.

Precis som en hammare är skapad för att bygga och inte för att användas fel, kan vi känna frustration när vi inte lever i linje med vårt syfte. Men det finns goda nyheter – du är på väg att upptäcka det du är kallad till.

Oprah Winfrey vaknade inte en dag som framgångsrik ikon. Hennes resa innehöll smärta, avvisanden och prövningar. Men processen formade henne.

Det finns nivåer i livet. Du kan stanna där det känns bekvämt – eller våga låsa upp den djupare anledningen till varför du existerar.

Varje skapelse har en skapare. Varje vision börjar i någons sinne. På samma sätt är ditt syfte gömt i Gud. När du frågar honom, börjar han visa dig steg för steg. Men kom ihåg – när han visar dig något, spring inte före honom. Ni är partners. Han har ritningen.

När Gud visar dig ditt syfte kan det komma med prövningar. Men ingen diamant glänser utan tryck. Du kvalificeras just nu. Motstå inte processen.

Rör dig framåt i tro. Den säkraste platsen i världen är i Guds händer. Han vet slutet från början. Och även om ett felsteg kan kännas avgörande, är Gud större än dina misstag. Han kan alltid leda dig tillbaka till rätt väg.

Du är under formning. Du är under förberedelse. Och det som väntar dig är större än du anar.

# 7 NYCKLAR FÖR ATT LÅSA UPP DITT SYFTE

Varje lås har en nyckel, och varje öde har en dörr. Kallelsen Gud har lagt över ditt liv är inte gömd från dig – den är gömd för dig. Den väntar på att låsas upp genom andliga nycklar. Dessa nycklar är inte mänskliga strategier, utan trosprinciper som öppnar dina ögon, ditt hjärta och din väg.

## 1. Nyckeln till bön och intimitet med Gud

Syfte börjar i det fördolda. När du umgås med Gud formas ditt hjärta efter Hans. Bön handlar inte bara om att be om välsignelser – det handlar om att ta emot instruktioner. Syfte föds i närvaro.

## 2. Nyckeln till Ordet och uppenbarelse

"Ditt ord är mina fötters lykta" (Psaltaren 119:105). Vill du förstå ditt syfte måste du förstå vad Gud säger om dig. Hans löften avslöjar din identitet, och Hans Ord avslöjar ditt uppdrag. Bibeln berättar inte bara andras berättelser – den hjälper dig förstå din egen.

## 3. Nyckeln till identitet och acceptans

Du kan inte kliva in i ditt syfte medan du tvivlar på vem du är. Du är utvald, avskild och skapad med avsikt. När du inte är trygg i din identitet i Kristus börjar du söka bekräftelse från människor istället för riktning från Gud.

### 4. Nyckeln till lydnad och troshandlingar

Syfte låses upp genom handling. När Gud talar – lyd, även om instruktionen verkar liten. Varje lydnadssteg är en språngbräda mot din kallelse. Tro utan handling är död; lydnad är beviset på tro.

### 5. Nyckeln till helande och befrielse

Gamla sår kan fördunkla din syn. Smärta, trauma och oförlåtelse kan hindra dig från att urskilja ditt syfte. Helande är inte valfritt – det är nödvändigt. När Gud får hela dig klarnar din blick.

### 6. Nyckeln till gemenskap och råd

Ingen finner sitt syfte i isolering. Gud placerar mentorer, ledare och rätt människor runt dig för att bekräfta och vässa det Han lagt i dig. Rätt gemenskap kallar fram gåvor du inte ens visste att du hade.

### 7. Nyckeln till uthållighet och process

Syfte låses inte upp i ett ögonblick – det vecklas ut över tid. Uthållighet håller dig stabil när resan känns långsam. Varje prövning, varje fördröjning formar kärlet Gud vill använda.

Dessa nycklar är inte bara idéer – de är andliga discipliner. Dörren till ditt syfte står redan framför dig. Tron är handen som vrider om nyckeln.

# FRAMGÅNG OCH SYFTE

"The secret of success is consistency of purpose." – Benjamin Disraeli

Alla vill bli framgångsrika. Men få är villiga att betala priset.

För att lyckas behöver du besvara fem avgörande frågor:

## 1. Vem är jag?

Din identitet är grunden. Dina val, dina värderingar och din självbild påverkar allt. När du vet vem du är, vet du vad du kan bli.

## 2. Varifrån kommer jag?

Det handlar inte om etnicitet eller bakgrund. Det handlar om att förstå att du är skapad av Gud med avsikt. När du förstår din källa, förstår du ditt värde.

## 3. Varför är jag här?

Detta är syftets kärna. Om du inte vet vem du är och varifrån du kommer, blir det svårt att förstå varför du existerar.

## 4. Vad kan jag göra?

Detta handlar om potential. Många lever långt under sin förmåga. Du är kapabel till mer än du tror. Din sanna kapacitet är större än det du hittills har visat.

## 5. Vart är jag på väg?

Detta är ödesfrågan. Låt inte människors åsikter definiera dig. Gud är den som känner slutet från början.

Framgång är resultatet av beslut. Misslyckande också. Men Gud kan till och med använda felaktiga beslut och vända dem till något vackert om du överlåter det till Honom.

# ATT UPPTÄCKA DITT LIVSSYFTE

Att finna sitt syfte är en personlig resa. Det handlar om att upptäcka vad som ger dig mening, glädje och uppfyllelse.

Fråga dig själv:

- Vad får mig att känna mig levande?
- Vilka gåvor och styrkor har jag?
- Hur vill jag påverka världen?
- Vilka är mina kärnvärderingar?

Ibland avslöjas syftet genom att prova nya saker, läsa, lyssna på inspirerande röster eller söka mentorskap. Det är en dynamisk process som utvecklas över tid.

Ditt syfte är inte bara ditt yrke. Det är den röda tråden genom dina roller – some en vän, syster, mamma, ledare. Det är temat som binder samman dina relationer, val och drömmar.

Utan syfte är man som ett löv i vinden. När du saknar förankring i dina djupaste värderingar blir det svårt att känna verklig uppfyllelse.

Kanske arbetar du just nu bara för att betala räkningar. Men tänk så här: Om ditt nuvarande jobb inte fanns – vad skulle du göra? Vad längtar du efter? Starta eget? Tjäna människor? Skapa något?

Börja läsa. Börja utforska. Börja be.

Bön

Käre Gud,

Jag ber att min syster ska bli mer målmedveten och medveten om den tid och de resurser du gett henne. Led hennes steg. Visa henne hur hon ska fullfölja sina mål. Ge henne vishet att vandra i sitt syfte och sitt öde.

I Jesu namn, amen.

# DIN VÄG TILL FRAMGÅNG

Framgång är en av livets djupaste strävanden. Vi vill leva ett liv som betyder något, uppfylla vår potential och lämna ett avtryck. Men världen runt omkring oss är full av röster som talar om för oss vilken väg vi ska ta. Kultur säger: jaga pengar och status. Andra människors förväntningar kan dra oss i en riktning som inte känns äkta. Till och med våra egna begär kan leda oss fel.

Men sanningen är: det finns ingen universell väg till framgång. Gud har designat en unik väg för dig – vävd med dina gåvor, din personlighet och dina erfarenheter. Utmaningen är att vandra den vägen med både självförtroende och överlåtelse – att gå framåt med beslutsamhet men låta Gud leda.

# Framgång börjar med Gud

Ordspråksboken 3:5–6 säger:

"Förtrösta på Herren av hela ditt hjärta och stöd dig inte på ditt eget förstånd. Räkna med honom på alla dina vägar, så ska han göra dina stigar jämna."

Det betyder att du inte behöver manipulera situationer, stressa fram möjligheter eller frukta att bli förbisedd. Gud ser dig. Han känner planerna han har för dig (Jeremia 29:11). När dina mål är i linje med Hans vilja rör du dig i en nåd som gör vägen lättare.

Ambition kan ta dig långt. Men tro kommer att bära dig när ambitionen tar slut. Många bränner ut sig eftersom de enbart förlitar sig på egen styrka. Tro förankrar dig djupare. Den hjälper dig att ta steg även när resultatet är oklart.

Att vandra i tro betyder inte att vara passiv. Det betyder att studera, förbereda sig, arbeta hårt – och sedan överlämna resultatet till Gud. Framgång mäts inte bara i prestation, utan i lydnad under processen.

# Omfamna din unika resa

Jämförelse är en av de största fienderna till framgång. Det är lätt att titta på någon annans framgång och känna sig efter. Men Gud kallade dig inte att gå deras väg.

Tänk på Josef i Bibeln. Hans resa innehöll svek, slaveri och fängelse. Men varje omväg förberedde honom för palatset. Om han hade jämfört sig eller gett upp i processen hade han missat syftet Gud formade i honom.

Dina förseningar är inte förnekanden. Dina motgångar är inte slutet. De är förberedelser.

Framgång byggs inte i ett enda stort språng – den byggs i dagliga beslut. Ska jag kompromissa med mina värderingar? Ska jag ta den här möjligheten? Ska jag vänta?

När du låter Gud leda dig i de små besluten får du frid, även när andra inte förstår din väg.

# Att definiera framgång på Guds sätt

Världen mäter framgång i rikedom, berömmelse och inflytande. Gud mäter framgång i trofasthet, karaktär och påverkan.

När du når den plats Gud har bestämt för dig kommer det inte bara handla om vad du uppnådde – utan om vem du blev på vägen. Växte du i kärlek? I ödmjukhet? I integritet? Använde du din plattform för att lyfta andra?

Det är sann framgång.

# Att hitta ditt syfte – praktiska steg

Att finna sitt syfte är en resa av självinsikt och andlig fördjupning.

- Reflektera över vad som ger dig energi och glädje.
- Identifiera dina kärnvärderingar.
- Titta tillbaka på stunder då du kände dig mest levande.
- Be Gud visa dig riktningen.
- Fortsätt utvecklas genom lärande och nya erfarenheter.

Jeremia 29:11 påminner oss om att Gud har en framtid och ett hopp för oss.

Efesierbrevet 2:10 säger att vi är Guds verk, skapade för goda gärningar som Han redan har förberett.

Det betyder att ritningen redan finns. Om du vill veta – fråga Honom.

# Självreflektionens kraft

Självreflektion är avgörande för personlig utveckling. Den hjälper dig förstå dina känslor, motivationer och beteenden. När du stannar upp och reflekterar kan du:

- Lära av tidigare erfarenheter
- Sätta tydligare mål
- Anpassa dig klokare
- Växa i självmedvetenhet

Fråga dig själv:

Vad skulle jag göra om pengar inte var ett hinder?

Vad längtar jag innerst inne efter att skapa eller bidra med?

# Avslutande uppmuntran

Håll din vision levande. Påminn dig själv om ditt syfte regelbundet. Sök balans mellan att jaga din kallelse och att ta hand om dig själv.

Din väg kanske ser annorlunda ut än andras – men när Gud leder kommer den alltid att föra dig högre än du själv kunnat föreställa dig.

Fortsätt framåt. Fortsätt be. Fortsätt växa.

Din resa är inte slumpmässig. Den är designad. Och när du låter Gud vara din vägvisare, går du inte bara mot framgång – du går mot uppfyllelse.

# GAMBIA: DET LEENDE KUSTEN

Gambia, den leende kusten i Västafrika, är Kunta Kintes land. Gambia skär genom mitten av Senegal, och dess form på kartan liknar ett leende, som hälsar dem som navigerar uppför floden Gambia. Om du har varit där, vet du precis.

Vid fem års ålder flyttade jag till Sverige. Jag minns att jag lärde mig snabbt; ett nytt språk var inget problem eftersom jag var utåtriktad och ivrig att lära mig. Min största utmaning i det nya landet var att få vänner. Jag vet, du tänker säkert: hur kan det vara en utmaning om jag är utåtriktad och ivrig att lära mig? Låt mig förklara: Sverige är ett land i Skandinavien, och vid den tiden fanns det inte många afrikaner i de mindre städerna. Det var där min familj tillbringade större delen av min barndom, i en liten stad som heter Arnö.

Och du vet lika väl som jag att barn ibland kan vara mycket elaka mot varandra. Jag blev ett offer för mobbning. Mina klasskamrater hånade mig för min hudfärg och mitt hår. Min mamma flätade mitt hår i traditionella afrikanska frisyrer, och barnen i skolan retade mig så fort jag satte foten på skolområdet. Förutom sommarledigheter och campingresor med familjen, var min barndom i Sverige mycket traumatisk fram till gymnasiet. Jag var tvungen att snabbt lära mig överlevnadstaktik. Jag var aldrig en av de populära tjejerna – tvärtom.

Jag upptäckte att om jag blev tuffare, skulle de låta mig vara ifred. Så jag blev en "busig" tjej i klassen. Jag skolkade, dök inte upp på lektioner och ibland startade jag bråk bara för att visa att mobbningssäsongen var över. Men vid den tiden hade jag utvecklat en ätstörning.

Jag var överviktig och mullig under skolåren, och det var ytterligare en anledning till att jag blev retad. Jag omgavs av blonda, blåögda, slanka europeiska tjejer, och att se annorlunda ut och inte känna mig accepterad fick mig att känna att jag aldrig dög.

Att växa upp som svart afrikansk flicka på 90-talet gjorde musiken till min bästa vän, R&B närmare bestämt. Jag kunde identifiera mig med artisterna, och det faktum att de hade min hudton och såg ut som jag gav mig en känsla av trygghet. Min favoritartist var Brandy Norwood; jag lyssnade på hennes musik hela dagen, och mitt hjärta fylldes av glädje. När hennes TV-serie Moesha började visas i Sverige, skyndade jag hem från skolan för att se den. Jag missade inte ett enda avsnitt. Låtar som Sitting Up in My Room, I Wanna Be Down och The Boy Is Mine var mina favoriter.

Att växa upp i Europa förvrängde min syn på skönhet. Jag kände mig aldrig tillräckligt vacker eller bra för att bli tillfrågad på en dejt. Och att växa upp i ett strikt hem gjorde dejter till något som man inte ens såg fram emot. Åh, jag har två äldre bröder också! De såg till att inga dejtingaktiviteter ägde rum under mina tonår. Som min mammas äldsta dotter tog jag alltid på mig ansvaret att ta hand om mina yngre systrar, och än idag tar jag det väldigt seriöst att vara en god förebild för dem.

# Mobbning, trauma och överlevnad

Många barn blir just nu mobbade i skolan till den punkt att vissa tar sitt liv. Även om osäkerhet påverkar alla barn, manifesterar den sig på olika sätt och med varierande intensitet, beroende på personens karaktärsstyrka och miljö. Tonåren är utmanande på många sätt. Det är en tid av stora förändringar, och med förändringarna kommer press, oro över osäkerheter och rädsla. Under sådana omständigheter kan en till synes liten incident eskalera till allvarlig ångest, vilket kan leda till potentiellt självdestruktiva coping-mekanismer.

Att växa upp som den enda svarta flickan i klassen skapade osäkerhet. Det tog tid innan jag kunde se mig själv i spegeln och tycka om vad jag såg. Det var inte förrän jag flyttade till Amerika som jag började omfamna mina former, min hudton och mina drag. Jag kommer aldrig att glömma dagen jag flyttade till Amerika! Det var i oktober 2005, strax efter min examen från skolan i Sverige. Jag gick med i ett kulturutbytesprogram som gav mig möjligheten att komma till Amerika och uppleva kultur med en amerikansk familj. Jag hade hört så mycket om Kalifornien; låten California Love av 2Pac fick mig att vilja se detta ställe ännu mer. Jag minns min första dag på stranden. Att bo i Kalifornien kändes som semester året runt. Det snöar inte som i Sverige; vinterperioden varar i sex månader, så du kan bara föreställa dig hur det var. Detta nya kapitel i mitt liv gjorde mig verkligen exalterad.

## Familjedynamik och tidigt missbruk

Du kanske undrar hur jag hamnade i Sverige från Gambia. Min mamma blev kär i min yngre systers pappa, och de flyttade till Sverige. Hon berättade för oss att hon inte kunde stå ut med tanken på att inte ha oss vid sin sida, så vi flyttade med. I Sverige födde hon min syster vars pappa var svensk. Att ha ett blandat barn var glorifierat och jag tror att det fortfarande är så idag.

Mina syskon och jag såg aldrig skillnad på hudfärg, och vi betraktade oss aldrig som halvsyskon – vi älskade varandra. Det var människorna runt oss som behandlade oss olika på grund av vår hudfärg. Rasism är ett problem som härstammar från olika samhällens definitioner av vad som anses vackert och acceptabelt. Många av våra osäkerheter och trauman härstammar från barndomen, och därför tror jag att det är mycket viktigt att hela vårt inre barn genom att konfrontera obekväma sanningar.

När jag växte upp gjorde min mamma det mycket klart att min yngre syster var hennes favorit, åtminstone tror jag det. I Gambia var ett blandat barn ofta glorifierat. När jag blev äldre och Herren började visa mig mina trauman och deras effekter på mig, började jag förstå varför jag alltid kände mig ensam och förbises. Jag minns en svensk sommar när mamma tog min yngre syster till en fotosession och lämnade mig utanför sommarstugan på verandan. Hon lät mig tidigt förstå att jag aldrig skulle betraktas som värdefull i hennes ögon jämfört med min syster. Slagen och det verbala missbruket jag fick av henne skadade mig djupt. Om det inte varit för Herren som kom in i mitt liv och lärde mig genom sitt ord att jag är älskad, värderad och accepterad, vet jag inte hur jag hade överlevt.

Jag tror helhjärtat att jag annars hade hamnat på en psykiatrisk klinik. Jag var tvungen att kämpa mot de många ords förbannelser hon uttalade över mitt liv. Jag hörde henne till och med säga en dag att hon önskade att jag aldrig hade fötts. Det var den dagen jag bestämde mig i mitt hjärta att när jag blev tillräckligt gammal, skulle jag flytta långt bort från henne och aldrig se tillbaka. Jag kunde aldrig förstå hur jag kunde ha en mamma som upprepade gånger visade genom sitt missbruk att jag inte var värd något. Hon behandlade mig som sin hushållerska, och jag var tvungen att växa upp mycket snabbt; min barndom togs ifrån mig. Jag gick till skolan med repor och blåmärken på ansikte och kropp och var tvungen att hitta på en historia om hur jag skadat mig. Ingen skulle tro mig om jag berättade vad som verkligen hade hänt. Jag försökte rapportera hennes beteende till mina lärare, men hon lyckades övertyga dem om att jag ljög.

# Gambia och familjevård

I Gambia var det vanligt att andra familjemedlemmar tog hand om dig som barn. Det var där allt började. Jag togs till min mormor efter att jag fötts; hon bodde i byn.

Bandet mellan en mor och ett barn skapades aldrig eftersom min mamma inte kunde ta hand om mig. Efter ett tag rapporterades det till min fars syster att jag blev sjuk, så hon tog på sig ansvaret att ta mig till min fars hem, där jag omgavs av kärlek. Låt mig berätta om gången då hennes pojkvän sexuellt utnyttjade mig. Detta hände mer än en gång. Efter att han gått bort, fann jag modet att berätta för min äldsta bror. När det gällde min mamma gjorde hon ingenting och blev arg på mig för att jag avslöjade honom.

Ärligt talat är jag inte säker på om hon blev arg över att jag avslöjade honom eller över att hon själv blev exponerad för att inte ha varit uppmärksam på mig. Om vår relation hade varit bättre, hade jag antagligen berättat för henne mycket tidigare, men jag visste inte om hon skulle bli arg på mig eller ens tro på mig, så jag bar den bördan i åratal. Denna händelse övertygade mig ännu en gång om att hon inte brydde sig om mig. Istället för att prata med mig om det vände hon ryggen åt mig, och hennes missbruk blev ännu mer intensivt. Hon kunde gå veckor utan att prata med mig, men såg till att ge mig instruktioner om att hämta min syster från skolan, laga mat och städa huset. Jag började bokstavligen känna mig som Askungen. När hon hade gäster, skickade hon mig till mitt rum och jag fick inte komma ut förrän de gått – och gissa vem som fick städa? Jag.

# Flytten till Amerika och helande

Det var en del av Guds plan att jag skulle flytta till Amerika, så att min relation med min mamma kunde bevaras. Jag bar på mycket ilska och oförlåtelse i hjärtat och var tvungen att förlåta henne. Det var först då jag började se henne på ett nytt sätt. Jag insåg att hon också hade gått igenom egna trauman. Föreställ dig en ensamstående mamma i ett främmande land med fem barn som försöker navigera det svenska systemet. Jag kunde känna mitt hjärta läka när medkänslan växte. Om det inte varit för Guds nåd, tror jag inte att jag skulle ha kunnat komma över smärtan och trauman jag utsattes för.

# Colorism och dess påverkan

Colorism är ett djupt rotat problem i svarta samhällen världen över och fungerar som en hierarki baserad på hudton. Även om det ofta kopplas till rasism, har det unika dynamiker inom svarta samhällen, där ljusare hud ibland ges privilegier över mörkare hud. Rötterna till colorism hos svarta kan spåras tillbaka till kolonialism och slaveri. Under dessa perioder fick ljushyade individer, ofta blandade barn till slavkvinnor och vita slavägare, ofta fördelar.

De fick oftare roller som tjänare istället för fältarbetare och ibland begränsad utbildning. Denna behandling förstärkte uppfattningen att ljusare hud var mer önskvärd och närmare vithet, den standard för skönhet och mänsklighet som kolonialmakterna införde. Även efter slaveriet fortsatte dessa dynamiker. Exempelvis användes under tidigt 1900-tal "brown paper bag-test" av vissa svarta sociala organisationer för att exkludera mörkhyade individer.

Colorism manifesterar sig på flera sätt, från skönhetsideal till professionella möjligheter. Ljusare hud, rakt hår och eurocentriska drag idealiseras ofta i media, vilket skapar en smal definition av skönhet. Mörkhyade individer, särskilt kvinnor, blir utsatta för hån eller uteslutning i jämförelse med ljusare individer. Uttryck som "söt för att vara mörkhyad" visar hur djupt rotade dessa fördomar är. Studier visar att ljusare svarta individer ofta uppfattas som mer kompetenta, tillgängliga eller pålitliga, vilket påverkar anställning, befordran och social rörlighet.

Colorism påverkar även romantiska preferenser inom svarta samhällen. Ljusare individer anses ibland mer attraktiva eller önskvärda partners. Detta förstärker negativa självuppfattningar hos mörkhyade och bidrar till känslor av otillräcklighet och låg självkänsla. Det främjar konkurrens inom svarta samhällen och försvagar solidaritet. Många vänder sig till skadliga hudblekningsprodukter i jakten på ouppnåeliga skönhetsideal.

Att motverka colorism kräver medvetenhet och aktivt arbete: främja mångfald i media, litteratur och konst. Visa skönhet, intelligens och makt i alla nyanser av svarthet. Samtal om colorism bör införlivas i skolor, arbetsplatser och samhällsarenor. Förståelse för dess ursprung och påverkan leder till mer empati och självreflektion. Rörelser som firar alla hudtoner bör förstärkas och stödjas. Institutioner måste hållas ansvariga för att motverka colorism genom policyer som främjar jämlikhet och inkludering. Säkerställ utrymmen där individer kan bearbeta och hela från trauman av colorism; terapi, gemenskap och bekräftelse av självvärde spelar en viktig roll.

Colorism, fött ur rasism och kolonialism, är fortfarande ett smärtsamt och ihållande problem i svarta samhällen. Genom att förstå dess ursprung och manifestationer, och genom att åta sig förändring, kan svarta samhällen återerövra och fira hela spektrumet av deras skönhet och mänsklighet. Att avsluta colorism kräver gemensamma insatser men är avgörande för enhet och för att bryta det systematiska förtryckets arv. Denna resa börjar med självmedvetenhet och mod att konfrontera obekväma sanningar – målet är en värld där alla svarta människor värderas lika, och det är väl värt ansträngningen.

# DEN GUD SOM SER

När jag först läste Hesekiel 16 kände jag att orden trängde rakt igenom mitt hjärta. Gud talar till Jerusalem som om hon vore ett övergivet nyfött barn, kastat ut på en öppen åker, täckt av blod, oönskat och lämnat att dö. I den råa bilden såg jag inte bara Israels historia, utan också en spegel av min egen berättelse innan jag mötte Jesus.

"Den dag du föddes klipptes inte navelsträngen, och du tvättades inte med vatten för att bli ren... du kastades ut på den öppna åkern, för den dag du föddes blev du föraktad." (Hesekiel 16:4–5)

Dessa ord målade upp en bild av total hjälplöshet. Ett nyfött barn kan inte rädda sig själv. Det kan inte kämpa för överlevnad, och det kan inte kräva kärlek. Det var jag – andligt bruten, sårbar och längtande efter att bli sedd. Jag kanske inte blev övergiven på en faktisk åker, men jag kände tomheten i att vara oönskad, osedd och ovärdig.

Sedan kommer vändpunkten i texten:

"Sedan gick jag förbi och såg dig sparka omkring i ditt blod, och medan du låg där... sade jag till dig: 'Lev!'" (Hesekiel 16:6)

Detta ögonblick är hisnande. Gud själv böjer sig ner till den övergivna, den förkastade, och talar liv. Han lämnar henne inte i hennes blod; han går inte förbi likgiltigt. Han stannar. Han ser. Han älskar. När jag mötte Jesus för första gången kändes det exakt så. På min lägsta punkt, när jag trodde att jag inte hade något att erbjuda och inget värdefullt att hålla fast vid, gick han förbi. Han såg mig i min brutenhet och vände sig inte bort. Istället viskade han i min ande samma ord: "Lev."

Kapitel 16 fortsätter med att Gud beskriver hur han uppfostrade Jerusalem, vårdade henne och prydde henne med skönhet. Han klädde henne, satte smycken på henne och krönte henne. Det är en bild av transformation – från förkastad till utvald, från föraktad till älskad. Det är precis vad Jesus gör för var och en av oss. Han tar oss från skammens aska och klär oss i sin rättfärdighetens kläder. Han placerar en nådens krona på våra huvuden och kallar oss älskade. När jag mötte Jesus fann jag inte bara förlåtelse. Jag fann identitet. Jag fann värde. Jag fann en kärlek som inte krävde att jag bevisade mig själv eller fixade mig själv först. Precis som det övergivna barnet blev jag upplyft och älskad – inte för att jag var perfekt, utan för att Han är barmhärtig.

"Lev!"

Hesekiel 16 är inte bara en historielektion; det är en påminnelse om vad Gud har gjort i varje troendes liv. Han fann oss när vi var hjälplösa. Han tvättade oss rena. Han talade liv till våra döda platser. Varje gång jag återvänder till detta avsnitt minns jag ögonblicket när Jesus blev verklig för mig. Jag var inte längre osynlig. Inte längre övergiven. Inte längre oälskad. Hans ord över mig var – och är fortfarande – "Lev." Och eftersom han talade det kan jag leva fullt, fritt och troget i det syfte han har kallat mig till.

Efter år av sorg över relationen jag aldrig hade med min mamma, valde jag att tro att min mamma älskar mig, men det tog år för mig att släppa smärtan. Det var inte förrän jag mötte sanningen att Gud älskar mig. Hon såg till att mina bröder och jag fick möjlighet att uppleva ett bättre liv i Europa, trots omständigheterna.

Vi hade tillgång till möjligheter som inte hade funnits om vi stannat i Gambia. Gud vet hur man använder varje situation och allt vi har gått igenom i livet till sin ära – om vi inte ger upp när livet blir svårt. Barndomstrauman kan ha långvariga effekter och påverka emotionellt och psykiskt välbefinnande även som vuxen.

Att övervinna barndomstrauma innebär flera steg, såsom att erkänna och bekräfta att du har upplevt trauma – detta är det första steget mot helande. Sök stöd från pålitliga vänner, familjemedlemmar eller en terapeut som specialiserar sig på traumaåterhämtning. Att tala om dina upplevelser med någon som förstår kan ge validering och hjälpa dig bearbeta känslor. Förstå att det är okej att känna som du gör, och att helande tar tid. Lär dig hälsosamma copingmekanismer för att hantera stress och ångest som triggas av tidigare trauma – t.ex. mindfulness, djupandning, journaling eller att ägna dig åt hobbies du tycker om.

Trauma kan leda till negativa övertygelser om dig själv och världen. Utmana dessa och ersätt dem med mer positiva och realistiska. Sätt gränser i relationer och situationer som känns osäkra eller triggar dig – det är avgörande för ditt emotionella välbefinnande. Terapi som kognitiv beteendeterapi (KBT) eller trauma-fokuserad terapi kan vara mycket effektivt för att bearbeta trauma och utveckla copingfärdigheter. Lär dig om trauma och dess effekter. Att förstå hur trauma påverkar hjärnan och beteendet kan ge styrka i din återhämtningsresa. Helande från barndomstrauma kräver tålamod och uthållighet.

Fira små segrar och var tålmodig med bakslag. Reflektera över dina upplevelser och hur de har format dig. Självreflektion kan ge insikt i dina beteenden och känslor. Att övervinna barndomstrauma är en gradvis process som ser olika ut för alla. Det innebär små steg mot helande och att bygga upp en känsla av trygghet och tillit till dig själv och andra.

Jag vill att du börjar gå tillbaka till din barndom och undersöker hur det var att växa upp som dig – dina utmaningar och erfarenheter. Denna övning kan ta längre tid än du tror. Tillåt dig själv att gå djupt och konfrontera de frågor och motstånd du minns. När jag gjorde det, kan jag inte ens beskriva hur denna övning befriade mig från saker jag trodde jag redan hade hanterat. Många av våra osäkerheter börjar i barndomen. Ett utmärkt sätt är att skriva ner varje minne i en dagbok och identifiera de första stadierna av ditt trauma. För vissa kan det vara saker som började först i vuxen ålder.

Oavsett var det rotar sig, ta tid att hantera det. Ofta är just det som utmanar vårt självförtroende det som Gud kommer att använda för att välsigna oss och dem vi möter. Mina barndomsosäkerheter var den förvrängda självbild jag hade – roten låg i känslan av att aldrig vara tillräcklig eller accepterad av mina föräldrar. De saker jag kände mig osäker över som barn och tonåring är nu saker jag älskar hos mig själv. Det tog tid att nå självacceptans, så var snäll mot dig själv. Ta en dag i taget och kom ihåg att du är fruktad och underbart skapad i Guds avbild.

Till dig som läser detta och känner avvisandets sting och övergivandets tyngd: vet att din berättelse inte slutar där. Människor kan ha gått ifrån dig. Älskade kan ha förbises dig. Dörrar kan ha slagits igen i ditt ansikte. Men inget av detta bestämmer ditt värde, och inget av det suddar ut din framtid. Du är inte glömd. Du är inte förbrukbar. Du är inte ett misstag. Samma Gud som såg Hagar gråta i öknen, som lyfte David från anonymitet, och som kallade det övergivna barnet i Hesekiel 16 att "leva", ser dig just nu. Han samlar varje tår du har fällt och viskar till ditt hjärta: "Du är min. Du är utvald. Du är älskad."

Avvisande kan bryta hjärtat, men det kan inte bryta det öde Gud redan har skrivit för dig. Övergivande kan lämna ärr, men det kan inte sudda ut Hans kärleks sigill över ditt liv. Varje "nej" från människor för dig bara närmare Guds större "ja". Lyft därför huvudet, kära du. Det som kändes som ett slut är bara ett kapitel. Du går in i en berättelse där skönhet reser sig ur askan, där de ensamma finner gemenskap, och där de övergivna omfamnas av outsinlig kärlek. Du är inte där du lämnades. Du är där Gud leder dig.

# NÄR SANNINGEN VRIDES

Gaslighting är när någon försöker få dig att tvivla på ditt eget minne eller din verklighetsuppfattning. Det är inte bara en oenighet – det är en medveten förnekelse av dina upplevelser, så övertygande att du börjar undra om du inbillade dig det. Det är en av de mest desorienterande formerna av manipulation, eftersom du istället för att ifrågasätta den som skadat dig, börjar ifrågasätta dig själv.

Jag glömmer aldrig en gång när det hände mig. Vi stod i köket. Samtalet hade redan blivit spänt, men jag bestämde mig för att ta upp de ord som hade ekat inom mig i dagar. Jag sa tyst men bestämt: "Jag minns exakt vad du sa. Du sa att jag var värdelös. Det gjorde ont, och jag kan inte låtsas att det inte hände."

För ett ögonblick trodde jag att stämningen skulle mjukna. Istället möttes jag av ett kallt, föraktfullt skratt. "Det hände aldrig," sade de, nästan roat. "Du inbillar dig saker. Jag skulle aldrig säga så. Du vrider alltid på saker." Orden slog hårdare än själva förolämpningen. Mitt bröst knöt sig, och mitt sinne snurrade. Vad? Nej. Jag minns det. Jag kan fortfarande höra tonen. Jag kan se rummet. Jag hittade inte på det. Men deras lugna, säkra uttryck fick mig att tvivla på mig själv.

Jag försökte igen: "Jo, det gjorde du. Jag minns exakt var vi var. Jag minns hur det kändes. Säg inte att jag inbillade mig det." Men de skakade bara på huvudet och suckade, som om jag var den orimliga: "Du överreagerar. Du har dåligt minne. Det där hände inte." Det var som att försöka andas medan någon täckte min mun. Hur tydligt jag än talade, suddades min sanning ut. Och ju längre jag stod där, desto mindre kände jag mig. Kanske minns jag fel. Kanske var det inte så illa. Kanske borde jag bara släppa det.

Det är vad gaslighting gör – det vänder på situationen tills problemet inte är skadan som gjordes, utan att du vågade namnge det. Ändå, även i det yrande ögonblicket, stod något inom mig fast. En viskning under bruset sa: Du vet vad du hörde. Du vet vad du kände. Ge inte bort det.

Jag gick inte därifrån med validering den dagen. Jag gick därifrån utmattad, tystad, osedd. Men jag bar också med mig något de inte kunde ta bort: min sanning. Mitt minne var verkligt. Min smärta var verklig. Och ingen mängd förnekelse kunde ändra det.

Om du någonsin blivit gaslightad vet du hur destabiliserande det känns. Som om du inte ens kan lita på ditt eget sinne. Men kom ihåg detta: du behöver ingen annans tillåtelse att tro på dig själv. Dina erfarenheter är giltiga. Ditt minne spelar roll. Gaslighting syftar till att ta bort din klarhet. Men i det ögonblick du väljer att stå fast vid det du vet, och vägrar ge upp din verklighet, börjar du återta din kraft. Håll fast vid din sanning. Den är nog.

# FRÄLSNING FRÅN BARNDOMSSÅR

Barndomen är tänkt att vara en trädgård av oskuld – en plats där skratt blomstrar och trygghet vårdar själen. Men för många blev dessa tidiga år präglade av smärta, avvisande, försummelse eller misshandel. Såren som bildas i barndomens sköra jord bär ofta med sig in i vuxenlivet, dolda under ytan, men viskande lögner som formar hur vi ser oss själva och navigerar livet.

Men här är de goda nyheterna: det som en gång bröt dig har inte sista ordet. Gud har det. Hans kraft begränsas inte av ditt förflutna, och Hans kärlek begränsas inte av de ärr du bär. Frälsning är möjlig eftersom Han redan har förklarat din frihet.

Att känna igen rötterna

Barndomstrauman planterar ofta frön av rädsla, osäkerhet och skam. Du kanske undrar varför du har svårt att lita på andra, varför avvisande skär så djupt, eller varför ilska stiger utan förklaring. Detta är ofta ekon av ett barn som blev tystat, förbises eller skadat. Men att erkänna roten är första steget mot helande. Gud kallar oss inte att begrava vår smärta utan att föra den in i hans ljus. Psalm 34:18 påminner: "Herren är nära dem som har ett förkrossat hjärta och frälser dem som har en bedrövad ande." Varje tår, varje osagt ord, varje tyst skrik från din barndom har Han hört.

Guds kraft att frälsa

Frälsning handlar inte bara om att glömma det förflutna – det är att bli fri från den makt det en gång hade över dig. Jesus kom inte bara för att rädda själar utan för att hela de förkrossade (Lukas 4:18). Hans Ande kan nå in i de djupaste platserna i din barndom, reda ut lögner och binda sår som dröjt kvar i årtionden.

I frälsning återställer Gud din identitet. Du är inte det försummade barnet, den övergivna eller det misshandlade offret. Du är hans älskade, utvalda och krönt med värde. Frälsning tar de etiketter ditt trauma gav dig och ersätter dem med sanningen om vem du är i Kristus. Frälsning är ofta en resa, inte bara ett ögonblick. Den kan börja med bön, men fördjupas genom förnyelse av sinnet med Guds ord, genom att omge sig med gudligt stöd och ibland professionell rådgivning som samarbetar med den Helige Andes verk. Förlåtelse är en viktig del av resan – inte för att ursäkta det som gjorts, utan för att frigöra dig själv från dess grepp. Varje steg framåt är bevis på att trauma inte definierar ditt öde. Du kan ha börjat i brutenhet, men du byggs upp i härlighet.

Det som fienden tänkte använda för att förstöra dig, kommer Gud att använda för att lyfta dig. Din barndomssmärta kan bli det vittnesbörd som befriar andra. Dina ärr kan glänsa som bevis på att frälsning är verklig. När du öppnar din berättelse för Herren, skriver Han om den – inte genom att radera det som hänt, utan genom att omvandla det så att helande, inte smärta, blir det som definierar ditt liv. Du är inte längre en fånge i ditt förflutna. Du är frälst, helad och hel i Kristus.

## Bön för de förkastade och övergivna

Fader Gud,

Jag kommer inför Dig på uppdrag av varje hjärta som sårats av avvisande, varje själ som känt smärtan av övergivande. Herre, Du ser tårarna som andra aldrig får se, och Du förstår de tysta ropen som ord inte kan uttrycka. Fader, jag ber att Du nu omsluter dem med Din outsinliga kärlek. Påminn dem om att de inte är glömda, inte övergivna och aldrig oönskade. Där människor har gått ifrån dem, visa att Du är den Gud som aldrig lämnar eller överger.

Läk de brustna platserna inom dem. Ta bort stinget från avvisande och ersätt det med sanningen om deras värde i Dig. Återställ deras självförtroende, förnya deras glädje och påminn dem om att de är utvalda, kallade och djupt älskade. Herre, låt dem känna Din närvaro som en Fader som adopterar, som en Vän som står närmare än en bror, och som en Herd som aldrig förlorar ett av sina får. Må de finna frid i vetskapen att människors avvisande inte betyder avvisande från Dig, och att människors över Läk de brutna platserna inom dem. Ta bort smärtan av avvisande och ersätt den med sanningen om deras värde i Dig. Återställ deras självförtroende, förnya deras glädje, och påminn dem om att de är utvalda, kallade och djupt älskade. Herre, låt dem känna Din närvaro som en Fader som adopterar, som en Vän som står närmare än en bror, och som en Herd som aldrig förlorar ett av Sina får. Må de finna frid i vetskapen att avvisande från människor inte betyder avvisande från Dig, och att övergivenhet från människor bara skapar plats för Din perfekta omfamning. Jag förkunnar över deras liv: nya början, ny hopp, och modet att resa sig igen. Må de gå framåt inte i skuggan av avvisande, utan i ljuset av Din acceptans. I Jesu mäktiga namn, Amen.

# FRÄLST OCH ÅTERSTÄLLD

Sexuella övergrepp är en av de djupaste kränkningarna av en persons kropp, sinne och själ. Det slår mot själva kärnan av identitet och självvärde. För många överlevande lämnar traumat ärr som kan stanna kvar i år, känslor av skam, rädsla, ilska, förvirring och till och med tystnad. Ändå, medan smärtan är verklig och obestridlig, är det inte slutet på din berättelse. Helande och befrielse är möjligt genom Guds kärlek, sanning och återställande.

Att erkänna såret

Det första steget för att övervinna sexuella övergrepp är att erkänna vad som hände och inse att det inte var ditt fel. Missbruk frodas i hemlighet och tystnad, men frihet börjar när sanningen talas. Överlevande bär ofta felplacerad skuld, och undrar om de gjorde något för att förtjäna det som hände. Sanningen är denna: missbruk är aldrig offrets fel.

Psalm 34:18 påminner oss: "Herren är nära de förkrossade och frälser dem som har en bedrövad ande." Gud ser såret, Han hör de rop som aldrig yttrats, och Han bryr sig djupt om ditt helande.

Att släppa skam

Skam är en av de starkaste kedjor som sexuella övergrepp försöker låsa fast sina offer med. Till skillnad från skuld, som säger "Jag gjorde något fel," säger skam "Jag är något fel." Den lögnen måste brytas. Din identitet ligger inte i det som gjordes mot dig. Din identitet ligger i Kristus, som kallar dig utvald, älskad och frälst.

Jesaja 61:7 lovar Gud: "Istället för er skam ska ni få dubbla delar, och istället för vanära ska ni glädjas åt ert arv." Herren tar inte bara bort skam, Han återställer värdighet och glädje.

## Att gå genom förlåtelse

Förlåtelse i denna resa är komplex. Det betyder inte att ursäkta övergreppet eller låtsas som om det inte spelade någon roll. Förlåtelse är att frigöra sig själv från bitterhetens bojor så att helande kan flöda. Det är ett beslut som ges kraft av Gud, inte mänsklig styrka. Du kanske inte känner dig redo att förlåta förövaren, men när du lutar dig in i Guds närvaro, hjälper Han dig att släppa vikten steg för steg.

Jesus sa i Matteus 6:14: "Om ni förlåter människorna deras överträdelser, ska också er himmelske Fader förlåta er." Förlåtelse handlar mindre om förövaren och mer om din frihet.

## Återställa förtroende och intimitet

För många överlevande är förtroendet krossat, och intimitet, även i trygga och kärleksfulla relationer, känns farligt. Helande kräver tid, tålamod och ofta stöd från betrodda rådgivare eller pastorer. En trygg gemenskap spelar en avgörande roll och påminner dig om att kärlek kan existera utan skada och att relationer kan byggas på respekt, heder och sanning.

Herren lovar i Joel 2:25: "Jag ska återge er de år som gräshopporna åt upp." Även de år som stulits av trauma kan återlösas av Guds återställande hand.

## Att finna syfte i smärtan

Gud slösar aldrig med lidande. Den plats där fienden försökte förstöra dig kan bli platsen där ditt vittnesbörd lyser starkast. Överlevande som går i helande blir ofta kraftfulla röster av hopp och förespråkare för andra som fortfarande befinner sig i skuggorna.

2 Korinthierbrevet 1:3–4 påminner oss: "Han tröstar oss i alla våra bedrövelser så att vi kan trösta andra."

Hemmet ska vara en plats för säkerhet, värme och ovillkorlig kärlek. Men för många har hemmet varit en slagfält fyllt av fientlighet, rädsla och avvisande. När den person som ska vårda dig, din mamma, blir källan till verbalt eller fysiskt missbruk, skär såret särskilt djupt. De ord som yttrades och de slag som utdelades glöms inte lätt. De ekar genom åren och formar hur du ser på dig själv, hur du relaterar till andra och till och med hur du ser på Gud. Att leva i en fientlig miljö är som att gå på äggskal. Du vet aldrig vad som triggar en explosion. Skrik, kritik, förolämpningar, fysisk bestraffning – dessa upplevelser blåmärker inte bara kroppen, de blåmärker själen.

Barn i sådana hem internaliserar ofta kaoset, och tror: "Kanske om jag varit bättre, skulle detta inte ha hänt." Den falska övertygelsen kan följa med in i vuxenlivet och lämna överlevande med känslor av otillräcklighet, ångest eller skam.

Men här är sanningen: du var aldrig orsaken till övergreppet. Den misshandel du utstått säger ingenting om ditt värde, det avslöjar bara bristen hos den som utsatte dig. Din berättelse om överlevnad och befrielse har potential att ge helande åt andra.

En bön för helande

Himmelske Fader, jag lägger fram för Dig smärtan, skammen och brustenhet som sexuella övergrepp har orsakat. Jag tackar Dig för att Du är min läkare, min befriare och min återställare. Herre, jag släpper lögnerna om skam och skuld, och väljer att tro på Din sanning om mig: att jag är älskad, värdefull och hel i Kristus. Ge mig styrka att gå i förlåtelse, mod att lita igen, och tro att omfamna en framtid fylld med hopp. I Jesu namn, Amen.

# FRÅN SMÄRTA TILL SYFTE

Under lång tid trodde jag att överlevnad var slutet på historien. Jag sa till mig själv: ”Om jag bara kan ta mig ut ur det förflutna, om jag bara kan läka tillräckligt för att leva i fred, då räcker det.” Och under en tid gjorde det det. Men Gud hade mer i åtanke för mig.

En dag insåg jag att min läkning inte bara var för mig – den var också för andra. De sår jag en gång försökte dölja blev nycklar som kunde öppna någon annans fängelse. Min berättelse om övergrepp och överlevnad blev en dörr till hopp för någon annan.

I början skrämde tanken mig. Jag ville inte tala om det som hände bakom stängda dörrar. Jag ville inte riv upp ärr som just hade börjat läka. Men varje gång jag delade, även på små sätt, såg jag ansikten mjukna. Jag såg tårar falla. Jag hörde människor viska: ”Jag också.” Då förstod jag: våra berättelser är broar.

Gud slösar aldrig med smärta. Det som fienden ville använda för att förstöra mig, använde Gud för att utrusta mig. Varje förolämpning, varje blåmärke, varje natt av rädsla – inget var förgäves. I Hans händer blev det medkänsla, styrka och en röst som kunde tala in i andras liv som fortfarande går i skuggorna. Syftet var inte något jag snubblade över – det var något jag valde. Jag valde att sluta vara tyst. Jag valde att sluta hålla med skammen. Jag valde att använda min röst, även när den skakade, för att säga till andra: ”Du är inte ensam. Du är inte trasig bortom räddning. Det finns liv efter detta.”

Jag började se mitt liv annorlunda. Jag var inte bara en överlevare – jag var en budbärare. Jag var inte bara helad – jag var kallad. Och kallelsen var varken glamorös eller enkel. Den krävde att jag grävde i svåra minnen, stod sårbar inför andra och riskerade dömande. Men varje gång jag såg någon få nytt hopp i ögonen, visste jag att det var värt det.

Nu, när jag tänker på min barndom, ser jag inte bara smärtan – jag ser plattformen. Jag ser hur Gud förvandlade mina aska till skönhet. Jag ser hur min berättelse, en gång dränkt i skam, nu bär doften av försoning.

Om du har gått igenom en missbrukande barndom, hör detta: din smärta diskvalificerar dig inte. Den förbereder dig. Den skärper dig. Den gör dig till ett kärl som kan bära ljus in i mörka platser. Du behöver inte vara perfekt för att träda in i ditt syfte. Du behöver bara vara villig. För sanningen är att syfte växer i smärtans jord om du låter Gud vattna det. Din berättelse slutar inte med överlevnad – den blommar till betydelse. Smärtans kapitel kan bli sidor av någon annans läkning. När du träder in i ditt syfte, omskriver du inte bara din berättelse – du omskriver arv.

# SEGER

Det fanns en tid då jag trodde att min historia alltid skulle präglas av smärta. Missbruket hade lindat sig runt min identitet så hårt att jag inte kunde föreställa mig ett liv utan dess skugga. Men nu, när jag ser på mitt liv, ser jag något jag en gång trodde var omöjligt: seger.

Seger kom inte i ett dramatiskt ögonblick. Den kom långsamt, som soluppgången efter den längsta natten. Den kom i hur jag lärde mig att le igen – inte ett påtvingat leende, utan ett som föddes ur verklig glädje.

Den kom i hur mitt skratt började kännas naturligt istället för främmande. Den kom i hur jag slutligen kunde andas utan rädsla som stramade bröstet. Seger såg ut som att välja fred över kaos. Den såg ut som att bygga ett hem där kärlek var det högsta ljudet i rummet. Den såg ut som att vara mild mot mig själv efter år av grymhet.

Och framför allt såg seger ut som att träda in i det syfte Gud hade skrivit för mig innan mitt liv ens började. Ärren finns fortfarande. Jag bär dem öppet nu, inte som skam, utan som bevis på att jag levde genom det som försökte döda mig. Mina ärr har blivit mitt vittnesbörd. De påminner mig om att kriget inte tog slut med mig – det förberedde mig.

Att leva i seger betyder inte att jag aldrig minns det förflutna. Det betyder att det förflutna inte längre kontrollerar mig. Det betyder att jag kan se tillbaka utan att fastna. Det betyder att jag kan gå in i min framtid med huvudet högt, med vetskapen om att jag inte längre definieras av vad som gjordes mot mig, utan av Gud som räddade mig.

Nu talar jag från en plats av frihet. Jag går med auktoritet jag inte visste att jag hade. Jag älskar djupt, inte för att jag alltid blev älskad väl, utan för att jag vet hur det är att leva utan kärlek och jag vägrar låta någon i min närvaro känna sig osedd. Detta är seger: att vända blad och inse att historien inte längre handlar om överlevnad, utan om att blomstra. Det handlar om glädje. Det handlar om fred. Det handlar om att uppfylla sin kallelse. Och denna gång är det jag som håller pennan.

Du kan ha kommit från en missbrukande barndom, men du behöver inte stanna i det kapitlet. Segrar är möjliga. Glädje är möjlig. Kallelse är möjlig. Gud har sista ordet över ditt liv, och Hans ord är frihet.

# SKORNAS UNIKHET

Föreställ dig din skostorlek som en liknelse för din unika personlighet. Precis som din skostorlek är specifik för att passa dina fötter, är din unikhet en kombination av egenskaper, erfarenheter och karaktärsdrag som gör dig till den du är. Din skostorlek är unik för dig och säkerställer komfort och stöd. På samma sätt är din unikhet en perfekt passform för den du är, med alla dina styrkor, svagheter och individuella kvaliteter.

Skostorlekar är olika, precis som människors personligheter, talanger och erfarenheter. Det finns ingen "rätt" storlek och ingen enda väg att vara unik – varje person har sin unika kombination av attribut. Precis som din skostorlek kan förändras med tiden, utvecklas också din unikhet med erfarenheter, lärande och personlig utveckling.

Att bära rätt skostorlek är viktigt för komfort och prestation. På samma sätt är det avgörande att omfamna din egen unikhet för ett autentiskt och uppfyllande liv. Som kvinnor älskar vi skor. Och precis som skor kommer i olika former, storlekar och färger, är vi olika – och det är meningen. Vad som är ditt är ditt. Ingen annan kan gå i dina skor som du gör.

# SYSTERSKAP OCH GRÄNSER

- Håll nära relationer som bygger upp och stöder dig.
- Identifiera och släpp destruktiva relationer som hindrar dig från att växa.
- Prioritera självutveckling och fokus på dina mål.

# VÄRDERA DIG SJÄLV GENOM ATT PRIORITERA DINA BEHOV

”Det finns bara två typer av människor som kan tömma din energi: de du älskar och de du fruktar. I båda fallen är det du som släpper in dem. De tvingade sig inte in i din omgivning eller bad sig in i din verklighet.”
– Anthon St. Maarten

Att välja vänner med omsorg är avgörande, eftersom människorna vi omger oss med kan påverka våra liv, känslor och beslut avsevärt. Här är några anledningar till varför det är viktigt att välja sina vänner med omsorg:

- Vänner påverkar starkt våra övertygelser, beteenden och attityder. Att umgås med positiva, stöttande vänner kan uppmuntra personlig utveckling och motivation.
- Goda vänner ger emotionellt stöd under svåra tider och erbjuder empati, uppmuntran och praktisk hjälp när det behövs.
- Vänner som delar dina värderingar och intressen kan skapa meningsfulla relationer och stärka din känsla av tillhörighet.
- Att välja vänner som respekterar gränser, kommunicerar öppet och löser konflikter konstruktivt bidrar till att bygga hälsosamma relationer.
- Att omge sig med vänner som utstrålar positivitet och optimism kan lyfta ditt humör och din syn på livet.
- Vänner som utmanar dig intellektuellt, erbjuder olika perspektiv och inspirerar dig att följa dina mål kan främja personlig utveckling och lärande.
- Genomtänkta vänskapsval hjälper dig att undvika destruktiva relationer som dränerar din energi, manipulerar dig eller hindrar din utveckling.

Vänner bör också bidra med glädje och skratt i ditt liv, vilket gör sociala möten roliga och meningsfulla. Sammanfattningsvis handlar det om att medvetet välja vilka du spenderar tid med och vårda relationer som är stöttande, upplyftande och i linje med dina värderingar och mål.

Självvård är avgörande för att förbättra det allmänna välbefinnandet och hantera stress. Här är några skäl till varför självvård är viktigt:

- Att ta hand om sig själv fysiskt genom tillräcklig sömn, näringsrik kost, regelbunden träning och god hygien stöder hälsa och energinivåer.
- Att engagera sig i aktiviteter som minskar stress, såsom avslappningstekniker eller hobbyer, hjälper till att hantera ångest och förbättra mental klarhet.
- Självvård främjar emotionell motståndskraft genom att låta individen erkänna och bearbeta sina känslor på ett hälsosamt sätt.
- Självvård hjälper till att förebygga utbrändhet genom att ge möjlighet att återhämta sig och fylla på energinivåer, vilket är avgörande för produktivitet och motivation.

Att prioritera självvård sänder ett budskap till dig själv om ditt eget värde och din betydelse, vilket bidrar till en positiv självbild och självkänsla. När du tar hand om dig själv kan du bättre vårda och stödja dina relationer med andra, eftersom du har mer emotionella och fysiska resurser att ge. Att ta pauser och ägna sig åt självvårdsaktiviteter kan öka produktiviteten genom att förbättra fokus, kreativitet och problemlösningsförmåga. Självvård förbättrar livskvaliteten genom att främja en balanserad livsstil och minska de negativa effekterna av kronisk stress. Aktiviteter som att lära sig nya färdigheter eller utöva hobbyer främjar personlig utveckling och självupptäckt. Självvård uppmuntrar till vänlighet och medkänsla mot sig själv, vilket stärker relationen till den egna personen. Om du är som jag, är ett skönt bad eller ett besök på spa en viktig del.

I grund och botten är självvård inte själviskt; det är nödvändigt för att upprätthålla hälsa, välbefinnande och motståndskraft i livets utmaningar. Att integrera självvårdsrutiner i vardagen är en investering i långsiktig fysisk, mental och emotionell hälsa.

# MÖT DINA RÄDSLOR

En av de största utmaningarna för överlevare av föräldramisshandel är att lära sig leva utan rädsla. Den fientlighet du växte upp med kan göra dig van vid att förvänta dig konflikt, avvisande eller straff i relationer. Det kan göra dig försiktig, på vakt eller till och med tillbakadragen. Läkningsprocessen innebär att låta Gud träna ditt hjärta att vila i Hans kärlek och frid.

Som 2 Timoteus 1:7 säger: "Gud har inte gett oss en ande av rädsla, utan av kraft, kärlek och ett sundt sinne." Du är inte dömd att leva i rädsla för alltid. Du kan välja att skapa en ny miljö, en byggd på frid, respekt och villkorslös kärlek.

Att förlåta en förälder som misshandlat dig är ett av de svåraste stegen i läkningen. Förlåtelse ursäktar inte det fel som begåtts, och det betyder inte att du måste lita på en osäker person. Förlåtelse handlar om att släppa taget om missbrukets grepp om ditt hjärta. Det är att välja att inte bära med sig bitterhet in i framtiden.

Det är inte lätt och är ofta en process. Vissa dagar kan du känna fred, andra dagar kan smärtan komma tillbaka. Men varje gång du överlämnar smärtan till Gud bryter du ytterligare en kedja av bojor.

"Han ska aldrig lämna dig eller överge dig. Var inte rädd; bli inte nedslagen." – 5 Mosebok 31:8

Att möta sina rädslor kan vara en utmanande men stärkande process. Här är några steg för att konfrontera och övervinna dina rädslor:

- Erkänn och identifiera vad du är rädd för. Självmedvetenhet är det första steget.

- Utforska roten till rädslan. Förstå vad som triggar den och hur den påverkar dig känslomässigt och fysiskt. Kunskap kan minska rädslan.
- Utsätt dig själv för rädslan i hanterbara doser. Ta små steg snarare än att försöka ta allt på en gång.
- Öva avslappningstekniker som djupandning, mindfulness eller meditation för att hantera ångest och stress.
- Sök stöd från vänner, familj eller terapeut som kan ge uppmuntran och vägledning.
- Identifiera negativa tankar och ersätt dem med realistiska och positiva perspektiv.
- Sätt upp uppnåeliga mål och fira små framgångar för att stärka ditt självförtroende.
- Använd visualisering för att föreställa dig själv framgångsrikt möta och övervinna rädslan.

Att övervinna rädsla tar tid och kräver uthållighet. Var tålmodig med dig själv och erkänn dina framsteg, även om de är gradvisa. Att möta rädslor är en personlig resa som kräver mod och beslutsamhet. Genom att gradvis konfrontera rädslan kan du bygga motståndskraft, få självförtroende och utvidga din komfortzon.

Rädsla skapar kaos i kroppen som hindrar dig från att fatta beslut som leder till ett bättre, lyckligare och mer självsäkert liv. Den förvränger tänkandet och hindrar handling, vilket får dig att skjuta upp viktiga beslut eller förhindra förbättring av livskvaliteten. Dina talanger saboteras av rädsla, vilket hindrar dig från att nå din fulla potential.

Ordet mod är starkt kopplat till hjärtat. Att konfrontera rädslor för oss tillbaka till vår kärna, till vår essens, och ger självförtroende. För att växa i mod, börja med små handlingar av mod. Rom byggdes inte på en dag – ge dig själv nåd. Möt nya rädslor och erkänn dina framsteg. Stora murar byggs en sten i taget. Vill du frigöra dig från rädsla och hitta modet att leva det liv du önskar, måste du överträffa dig själv lite i taget. Övervinn något skrämmande varje dag, prova något nytt varje dag. Allt förvärvas genom övning och träning, även mod.

Drottning, låt dig inte luras av svårigheter. Håll alltid målet i sikte, och om du faller, klandra inte dig själv. Res dig, läk dina sår och fortsätt din resa. En dag kommer du vakna och ångra att du inte var tillräckligt modig för att ta de möjligheter som fanns framför dig. Livet är för kort för att låta rädsla styra. Tro på dig själv, försök, och om det inte fungerar, försök igen.

Kära Gud,

Du är en god Fader. Din kärlek och omsorg är oändlig. Du bryr dig mer om henne än hon själv gör. Du är den mäktigaste och kan skydda henne fullständigt från allt som kan uppstå. Hon är rädd för att misslyckas, för framgång och de ansvar som följer. Hon är rädd för ensamhet och kritik. Må du lugna hennes tankar och känslor, och öppna hennes hjärta för Din frid, tröst och visdom. Hjälp henne att leva ett liv utan rädsla. Du har övervunnit världen, och jag tror att Du aldrig kommer att svika henne.

# DU ÄR KUNGADÖMLIG

”Queen status” syftar generellt på någon som förkroppsligar de egenskaper som ofta förknippas med drottningvärdighet eller kunglighet. Det kan innebära en position av makt, auktoritet eller framträdande ställning, ofta präglad av nåd, styrka, ledarskap och ibland rikedom. I populärkultur eller slang kan det även beskriva någon som utstrålar självförtroende, sofistikering eller är högt respekterad inom sitt område eller sin gemenskap. Den exakta betydelsen varierar beroende på kontext och perspektiv.

Alla är ledare när de upptäcker det. Det är viktigt för varje ledare att veta att ledarskap handlar om att tjäna andra. Du måste ställa ditt hjärta i tjänst för andra samtidigt som du arbetar mot dina mål och drömmar utan distraktioner. Ibland försöker människor projicera sina osäkerheter på dig, utan att förstå vad det krävdes för att du skulle bli den du verkligen är. Du måste också stå på dig, eftersom vissa ofta misstar en ledares tjänst för underkastelse och tar det du har att erbjuda för givet.

Som en Drottning ser du till att all tjänst du utför kommer från ansvar, inte plikt, gentemot dem som inte kan se ditt värde. En drottning engagerar sig mycket i humanitärt arbete för sitt samhälle. Du kan ofta hitta en drottning som frivilligt besöker sjuka på sjukhus, matar hemlösa och besöker barnhem. Att sätta andra före sig själv gör hon med nåd. Skönheten i detta är att du inte behöver vara rik för att sätta ett leende på andras ansikten – och när du gör det fylls du alltid med vackra och glada känslor av hopp och tillfredsställelse.

Redan innan jag blev Miss Gambia USA, volontärarbetade jag med att mata hemlösa, besöka sjuka på sjukhus och be för dem. Det gav en känsla av uppfyllelse och höll mig ödmjuk och tacksam för de välsignelser Gud har gett mig i livet. Jag ser till att välsigna de mindre lyckligt lottade och fortsätter att tjäna mitt samhälle både lokalt och internationellt.

Efesierbrevet 4:2: "Var helt ödmjuka och milda; ha tålamod och bär med varandra i kärlek."

Amanda Palmer skriver i The Art of Asking:

"Det är inte själva handlingen att be som paralyserar oss, utan det som ligger under: rädslan för sårbarhet, rädslan för avvisande och rädslan för att verka behövande eller svag. Rädslan för att ses som en börda i gemenskapen istället för produktiv. Det pekar, fundamentalt, på vår separation från varandra."

Det är inte en synd att erkänna att du inte är stark nog att möta en utmaning. Det är okej att söka hjälp från dem som kan stödja dig i att uppnå dina mål. Det som är allvarligt är att veta att du inte är stark nog, men ändå välja att förbli tyst. Ego kan ställa till problem men sällan hjälpa dig ur dem. Drottningar har inga problem med att erkänna när de har fel, och de ber snabbt om ursäkt när de vet att de gjort något fel. Vi vet hur man är ödmjuk. Ödmjukhet är en viktig egenskap hos en drottning; hon känner sin position och känner inte behov av att kompromissa eller förminska sina standarder eller värderingar för att passa in. En drottning vet också hur man släpper giftiga relationer och situationer, eftersom sådana relationer distraherar henne och hindrar henne från att förbättra sig själv och fullfölja sitt uppdrag.

# RÄDSLOSLÖS DROTTNING

”Mod är den viktigaste av alla dygder, för utan mod kan du inte konsekvent utöva någon annan dygd.” – Maya Angelou

En ”Fearless Queen” beskriver ofta en kvinna som visar mod, styrka och motståndskraft inför utmaningar. Det antyder någon som inte lätt skräms, som möter svårigheter direkt och inspirerar andra genom sitt mod och beslutsamhet.

Historiskt finns det många legender om drottningar som visat mod, gjort stora uppoffringar för sitt folk, eller använt sin visdom för att skydda sin nation. Rädsla är ingen vän till drottningar; vi låter oss inte överväldigas. Vi blir av med rädslan genom att säga högt:

"Jag kan göra allt genom Kristus som ger mig styrka."

Bibeln ger exempel på modiga kvinnor:

- Drottning Ester riskerade sitt liv för att skydda sitt folk.
- Deborah ledde israeliterna i strid med visdom och mod.
- Rut visade mod genom att lämna sitt hemland och ta ansvar för sin svärmor.
- Maria, Jesu mor, visade djup tro och mod genom att acceptera ängelns budskap.
- Miriam ledde israeliterna i lovsång under deras vandring i öknen.

I schack är drottningen den mest kraftfulla pjäs, som kan röra sig i alla riktningar. Om en drottning kan avgöra spelet, föreställ dig hur kraftfull du är när du använder dina färdigheter och resurser fullt ut. Att stärka dig själv och bli ekonomiskt oberoende har inga gränser för vad du kan uppnå. Uthållighet är mer än en dygd; det är ett bevis på vår tro och motståndskraft.

# TRON FÖR DIN RESA

Tro är kärnan – tron på det osedda och förtroendet för Gud. Tro är inte bara övertygelse, det är att lita på Guds tid, visdom och plan. Utan tro kan förseningar och besvikelser krossa oss; med tro blir dessa prövningar steg mot vår kallelse.

Abrahams resa visar oss detta: Gud gav honom inga kartor, bara ett löfte. Tro handlar inte om att ha alla svar, utan om att lita på Den som har dem. År av väntan testade Abraham, men hans tro höll honom stadig tills Guds löfte uppfylldes.

Tro håller oss på rätt kurs och hjälper oss att stå fast i väntan, veta att Gud alltid arbetar bakom kulisserna, formar vår karaktär och positionerar oss för fullbordan av Hans löften.

# UTHÅLLIGHET

Tro och uthållighet är en pågående resa. Varje dag erbjuder nya möjligheter att växa i förtroende och styrka. Livet kan kännas som att klättra uppför en bergssida barfota, tungt och ensamt, men Gud ser dig och visionen Han planterat i dig.

Jakob 1:12: "Salig är den som står emot prövningen, för när han har prövats skall han få livets krona som Herren har lovat dem som älskar honom."

**Hur du håller fast när det blir svårt**

1. Håll fast vid visionen – skriv ner den, tala om den, påminn dig själv dagligen.
2. Luta dig mot Guds närvaro – häll ut ditt hjärta för Den som alltid förstår.
3. Kom ihåg varför – uppförsbacken har ett syfte större än smärtan.
4. Fira små steg – varje framsteg är en seger.
5. Håll blicken på kronan – belöningen är inte bara målet, utan också transformeringen inuti dig.

Bön:

Fader, tack för visionen du lagt i mitt hjärta. Även när vägen känns ensam och uppför, väljer jag att lita på Dig. Ge mig styrka att uthärda, mod att hålla fast och tro på att det Du visat mig kommer ske. Påminn mig om Din närvaro när jag känner mig ensam. Fyll mig med Din Helige Ande, så att jag kan fortsätta med mod och tålamod. I Jesu namn, Amen.

Tro och hopp går hand i hand. Tro ger oss substans; hopp håller oss framåt. Bibeln säger:

Hebreerbrevet 11:6: "Utan tro är det omöjligt att behaga Gud."

# STÅ CENTRERAD I DIN TRO

- Avsätt tid dagligen för bön.
- Läs och reflektera över Skriften.
- Delta i gemenskapsaktiviteter i kyrkan.
- Fokusera på dina välsignelser och odla tacksamhet.

# DU BLIR INTRODUCERAD INNAN DU SÄGER ETT ORD

Innan du någonsin öppnar munnen, innan du någonsin delar din berättelse, innan du någonsin förklarar vem du är, talar något om dig redan. Sättet du går in i ett rum, sättet du bär dig själv, sättet du väljer att synas – dessa saker introducerar dig långt innan din röst gör det. Jag förstod inte alltid detta. Jag brukade tro att ord var den mest kraftfulla introduktionen. Jag trodde att om jag kunde förklara mig tydligt, skulle människor veta vem jag var. Men livet har lärt mig annorlunda. Din närvaro talar volymer. Människor läser din självsäkerhet, din hållning, din attityd, din energi, även din tystnad.

När du bär dig själv med värdighet, känns det. När du går med ödmjukhet, syns det. När du lever med integritet, lämnar det ett intryck som ord aldrig fullt ut kan fånga. Det är därför syfte kräver mer än bara rätt saker att säga – det kräver att bli den typ av person vars liv talar högre än språket.

Jag minns stunder när jag kände mig förbises, när jag trodde att ingen såg mig. Ändå skulle någon senare säga, "Jag märkte hur du hanterade den situationen," eller "Jag kunde se styrka i dig utan att du ens talade." Det var då jag insåg: min introduktion är inte bara i vad jag uttalar, utan i vad jag visar. Och det kan vara både nyktert och stärkande. Nyktert, eftersom det betyder att människor uppfattar dig även när du tror att ingen tittar. Stärkande, eftersom det betyder att du inte behöver kämpa för att bevisa dig själv – din karaktär kommer att göra det åt dig.

Detta är varför förberedelse under de dolda säsongerna är så viktig. Den disciplin du bygger i privat introducerar dig i offentliga sammanhang. Den integritet du håller fast vid när ingen ser på, talar högre än vilket tal du någonsin kommer att hålla. Hjärtats hållning känns innan du säger ett enda ord. Så, bär dig själv med medvetenheten om att ditt liv alltid talar. Gå in i varje rum som om Gud själv skickade dig dit – för det gjorde Han. Låt din närvaro förmedla frid, styrka och äkthet. För när människor ser dig, innan du ens uttalar ett ord, ska de redan känna något annorlunda med dig: att du är en person med syfte.

# FÖRSTA INTRYCKET ÄR NYCKELN

Att tävla i skönhetstävlingar kräver en högre medvetenhet om vård och presentation. Som tidigare tävlande blir jag ofta sedd som en förebild av många unga kvinnor världen över. Att upprätthålla ett välvårdat yttre är mycket viktigt för det jag gör, eftersom jag ofta talar offentligt och syns. Det är viktigt att utstråla självförtroende, elegans och charm, och att sömlöst kombinera personlig stil med professionella förväntningar. I detta kapitel vill jag dela idéer om hur man upprätthåller en välvårdad image, särskilt ur ett skönhetstävlingsperspektiv. I tävlingsvärlden är du alltid "på". Oavsett om du är på ett officiellt event eller gör ärenden, representerar du din titel, plattform och personliga varumärke. Jag vill först dela några av mina skönhetshemligheter med dig:

- Behandla varje utgång som en möjlighet: Du vet aldrig vem du möter, så sikta alltid på ett presentabelt och polerat utseende.
- Förkroppsliga grace och ödmjukhet: Vård handlar inte bara om utseende; det handlar också om hur du bär dig med värdighet och vänlighet.
- Hälsosam, strålande hud: En hörnsten i skönhetstävlingsvård.
- Konsekvent hudvårdsrutin: Rengör, tona och återfukta två gånger dagligen. Investera i produkter som passar din hudtyp och behandlar specifika behov som acne eller hyperpigmentering.
- Exfoliering och masker: Regelbunden exfoliering förhindrar matt hud, medan masker kan rikta in sig på återfuktning, ljusning eller detox.
- Solskydd är ett måste: Skydda huden från för tidigt åldrande och skador genom att använda SPF dagligen.
- Hårstil: Ska alltid framhäva din naturliga skönhet och passa din tävlingsimage.

- Regelbunden underhåll: Trimma håret var 6–8 vecka för att undvika kluvna toppar och hålla stilen skarp.
- Mångsidighet: Var beredd att växla mellan avslappnade vågor, eleganta uppsättningar och tävlingsperfekta lockar beroende på event.
- Hårverktyg och produkter: Ha alltid en kvalitetsborste, hårspray och värmeskydd till hands.
- Smink: Ska förstärka dina drag och alltid se fräscht ut.
    - Dagligt smink: Välj naturliga toner som framhäver dina bästa drag. Fokusera på klar hud, välformade bryn och mjuk läppfärg.
    - Touch-ups på språng: Ha en liten sminkväska med essentials som puder, läppstift och blotting papers.
- Övning ger färdighet: Lär dig tekniker för contouring, blending och långvarig finish, speciellt under dagar med flera framträdanden.
- Kläder: Ska vara flaterande, skräddarsydda och i färger som kompletterar hudton och kroppsform.
- Manikyr: Välvårdade naglar är små men viktiga detaljer. Håll dig till neutrala toner som ljusrosa, nude eller klar lack. Håll naglarna återfuktade och undvik att bita på dem.
- Bär dig själv med självförtroende: Rätt hållning, gå med grace, engagera med din omgivning och le varmt.

# DU VÄXER – SMÄRTSAMMA SKÖNHETEN I TILLVÄXT

Tillväxt är en obestridlig del av livet. Det påverkar alla aspekter av vilka vi är – våra relationer, karriärer, tro och syfte. Även om idén om tillväxt är inspirerande, kan resan vara svår, till och med smärtsam. Som ett frö som planteras i jorden måste vi först bryta igenom mörkret innan vi kan nå ljuset. Tillväxt, även om den är obekväm, är avgörande för att bli allt det Gud kallat oss till att vara.

Ibland krävs det att vi lämnar det trygga bakom oss. Obekvämligheten av att lämna vår komfortzon utmanar oss att sträcka oss. Som en fjäril som lämnar sin kokong – processen är rörig och krävande, men utan den kan fjärilen aldrig flyga. På samma sätt använder Gud perioder av obekvämlighet för att förbereda oss för de vingar vi behöver för att nå vårt syfte.

# STYRA OCH TA ÄGARSKAP ÖVER NYA TERRITORIER

När Gud kallar dig till drottning, är det inte bara en titel – det är en uppgift. Varje drottning styr över ett rike. Även om ditt rike kanske inte ser ut som slott, kronor eller gyllene troner, är det lika verkligt. Ditt rike är den sfär av inflytande Gud har anförtrott dig – dina gåvor, ditt kall, dina relationer, din plattform, din röst och varje liv du påverkar.

Hur styr du det?

- Om du sår uppmuntran, blomstrar ditt rike i hopp.
- Om du sår bitterhet, blir ditt rike delat och tungt.
- Om du går i tro, blir ditt rike starkt.
- Om du går i rädsla, försvagas ditt rike.

Ordspråksboken 31 beskriver en kvinna som "öppnar sin mun med visdom" och vars "barn reser sig och kallar henne välsignad." Hon bar inte bara inflytande, hon förvaltade det med heder.

Kronan och Korset

Att styra ditt rike handlar inte om stolthet eller överlägsenhet. Det handlar om förvaltarskap. En drottning bär krona, men hon bär också kors – ansvaret att leda med ödmjukhet, nåd och ansvar inför Gud.

Praktiska sätt att styra ditt rike väl:

1. Skydda ditt inflytande. Var medveten om vad du säger, postar eller stöder.
2. Bygg med integritet. Kompromissa aldrig dina värderingar för snabba vinster.

3. Tala liv till ditt territorium. Förklara välsignelser över hem, arbete, tjänst och relationer.
4. Vårda ditt folk. Led med kärlek, inte bara auktoritet.
5. Var ansvarig inför Gud. En drottning står inte över kungen. Sök Hans visdom dagligen för att styra ditt rike enligt Hans vilja.

Bön

Fader, tack för riket Du anförtrott mig. Hjälp mig att förvalta mitt inflytande med visdom, ödmjukhet och kärlek. Lär mig leda med integritet, bygga med tro och tjäna med medkänsla. Må mitt rike ge Dig ära och inspirera andra att modigt gå i sitt kall. I Jesu namn, Amen.

# BUDGET FÖR FRAMGÅNG

Du kan inte underskatta kraften i att planera din ekonomi. För att nå en nivå av ekonomisk frihet – den högre och bättre nivån i den ekonomiska pyramiden, där du har full kontroll över dina finanser – måste du lära dig och praktisera budgetering. Budgetering innebär att skapa en plan för hur du ska använda dina pengar. Denna plan är själva budgeten, och den kan vara kortsiktig eller långsiktig. Att skapa och följa denna spenderingsplan ger dig kontroll över din ekonomi så att du vet om du kommer att ha tillräckligt med pengar för att täcka dina behov och önskningar.

Om din inkomst inte täcker alla dina utgifter kan du använda budgeten för att prioritera dina utgifter och fokusera dina pengar på det som är viktigast för dig. Genom att planera budgeten framåt kan du förutse hur mycket pengar du kommer att kunna spara till viktiga saker som semester, ny bil, ditt första hem eller renoveringar, ett nödfondsparande eller din pension.

Att använda en realistisk budget för att förutse dina utgifter under året kan hjälpa dig med din långsiktiga ekonomiska planering. Då kan du göra korrekta antaganden om din årsinkomst och dina utgifter och planera för långsiktiga finansiella mål som att bli din egen chef, köpa en investering eller fritidshus, eller gå i pension.

Budgetering för framgång involverar flera viktiga principer:

Syfte är inte bara en högtflygande dröm eller en inspirerande vision – det är också en plan, och planer kräver förvaltarskap. Alltför många visioner har vissnat, inte för att drömmen inte var verklig eller kallelsen inte var äkta, utan för att resurserna hanterades fel. Syfte kräver en budget. Budgetering för framgång handlar mer än att balansera inkomster och utgifter; det handlar om att anpassa dina resurser – tid, pengar och energi – till den uppgift Gud har lagt på ditt liv. Varje kallelse kommer med försörjning, men försörjning måste förvaltas klokt. Tänk på ditt syfte som ett rike. En klok härskare slösar inte resurser på tomma nöjen; hen bygger, investerar och förbereder för framtiden. På samma sätt är du kallad att strukturera ditt liv så att dina utgifter speglar ditt öde.

Budgetering av din ekonomi

Pengar är en av de tydligaste speglarna av vad vi värderar. En person som investerar i sin tillväxt, utbildning och tjänande visar sitt engagemang för syftet. Omvänt finner sig en person som spenderar utan riktning ofta oförmögen att finansiera just den kallelse hen längtar efter att uppfylla.

Att budgetera din ekonomi innebär:

- Avsätta medvetet: Sätta undan pengar för möjligheter som främjar din kallelse – kurser, material, resor för tjänande eller affärer, eller verktyg som behövs för ditt hantverk.
- Minska distraktioner: Eliminera onödiga utgifter som tar bort ditt momentum. Ibland betyder "mindre nu" "mer senare."
- Bygga disciplin: Lära sig att skjuta upp tillfredsställelse så att du kan säga "ja" när din kallelse kräver ett steg i tro som involverar resurser.

Budgetering av din tid

Tid är rikedom. Varje dag får du tjugofyra timmar – en gåva från Gud. Hur du budgeterar dessa timmar avslöjar om du är seriös med ditt syfte.

- Tillbringar du timmar scrollande eller timmar byggande?
- Prioriterar du bön, studier och personlig tillväxt?

- Investerar du i relationer som stärker dig, eller i relationer som dränerar dig?

Din kallelse förtjänar tid i din dagliga budget. Att schemalägga tid för att skriva, skapa, tjäna eller lära är inte valfritt – det är själva handlingen att hedra din uppgift.

Budgetering av din energi

Du har bara en viss mängd mental, emotionell och fysisk energi varje dag. För att uppfylla ditt syfte måste du skydda den.

- Att säga "ja" till din kallelse betyder ibland att säga "nej" till ständiga krav.
- Det innebär att vila när det behövs så att ditt sinne är skarpt för det arbete som väntar.
- Det innebär att ta avstånd från miljöer som ständigt dränerar din ande.

Energi förbises ofta, men utan den är pengar och tid bortkastade. Syfte kräver styrka.

Avkastning på syfte

När du budgeterar väl skapar du utrymme för att syftet ska blomstra. Precis som en bonde budgeterar frön i rader för att säkerställa skörd, skapar dina budgetar för pengar, tid och energi jorden för att ditt öde ska slå rot. Målet är inte att leva ett liv av begränsning, utan att leva ett liv i samklang. Budgetering är inte straff; det är förberedelse. Det är bevis på att du tror på det Gud lagt i dina händer.

När du hanterar resurser med visdom positionerar du dig för att kunna säga "ja" när möjligheter dyker upp. Du behöver inte dra dig tillbaka i rädsla eller brist. Istället kommer du vara redo, utrustad och positionerad för att fullt ut gå in i din kallelse. För syfte uppnås inte bara genom att drömma – det uppnås genom disciplin.

# DU ÄR VÄRDEFULL

I varje människas hjärta finns ett inneboende värde – ett värde som ofta går obemärkt förbi, begravt under samhälleliga förväntningar, extern bekräftelse och självtvivel. Att värdera sig själv är inte bara en flyktig känsla eller en hög idealbild; det är en praktik, en konst som kräver uppmärksamhet och omsorg, precis som att vårda en trädgård. Det första steget för att värdera dig själv är att förstå att ditt värde inte är knutet till dina prestationer, relationer eller ägodelar. Samhället får oss ofta att tro att vårt värde mäts genom externa mått: betyg, jobb eller rikedom. Men verkligt självvärde är inte transaktionellt – det är en födslorätt.

För att börja denna resa, reflektera över vem du är i ditt innersta. Tänk på de egenskaper som gör dig unik: vänlighet, uthållighet, kreativitet eller humor. Skriv ner dem. Dessa är fröna till ditt värde, och precis som alla frön växer de med uppmärksamhet och omsorg. Att värdera sig själv innebär också att skydda din tid, energi och emotionella välbefinnande. Gränser är en viktig del av självrespekt. När du sätter gränser signalerar du till världen att dina behov och känslor är viktiga.

Börja smått:

- Säga nej till uppgifter som överväldigar dig.
- Begränsa interaktioner med människor som dränerar din energi.
- Prioritera vila när kroppen eller sinnet kräver det.

Kom ihåg att gränser inte är murar. De är broar som tillåter hälsosamma, respektfulla relationer att blomstra. Många har svårt att värdera sig själva eftersom de jagar en ouppnåelig idealbild av perfektion. De tror att de blir värda först när de går ner i vikt, får en befordran eller uppnår ett specifikt mål. Men perfektion är en illusion.

Istället för att sträva efter felfrihet, sträva efter äkthet. Fira dina brister – de gör dig mänsklig, relaterbar och verklig. Varje misstag, bakslag eller egenhet ger djup åt din berättelse. Att omfamna dessa aspekter av dig själv är en radikal handling av självkärlek. Självmedkänsla är hörnstenen i självvärde. Behandla dig själv med samma vänlighet och förståelse som du skulle ge en vän. När du snubblar, fråga dig själv: "Vad skulle jag säga till någon jag bryr mig om i denna situation?" Ge sedan dessa ord till dig själv.

Bygg vanor av medkänsla i ditt dagliga liv. Det kan vara att skriva dagbok, meditera, be eller helt enkelt stanna upp för att erkänna dina känslor utan dömande. Självmedkänsla är inte njutningsfullt – det är nödvändigt för tillväxt och helande. Människorna och miljöerna runt dig spelar en viktig roll för hur du uppfattar ditt värde. Välj att omge dig med dem som lyfter och uppmuntrar dig. Sök utrymmen som inspirerar och ger energi.

Håll dig borta från negativitet, vare sig det är kritiska människor, dränerande arbetsmiljö vare sig det är kritiska människor, dränerande arbetsmiljöer eller ohälsosamma vanor. Ditt värde beror inte på andras åsikter, men en stödjande miljö kan hjälpa dig att se dig själv tydligare.

# LEVA MED AVSIKT

Att värdera dig själv innebär slutligen att leva med avsikt. Tillbringa din tid på saker som stämmer överens med dina passioner och värderingar. När du gör det, förstärker du tron att dina drömmar och önskningar är värda att sträva efter.

Fråga dig själv regelbundet: "Heder denna handling vem jag är och vad jag värderar?" Oavsett hur du spenderar fritid, vilka mål du strävar efter eller vilka relationer du vårdar, låt dina handlingar bekräfta ditt självvärde.

# EN LIVSLÅNG RESA

Konsten att värdera sig själv är inte ett mål utan en resa. Det handlar om att konsekvent finnas där för sig själv, även på de dagar då du känner dig ovärdig. Det handlar om att erkänna att ditt värde inte är till för förhandling – det är konstant, orubbligt och oersättligt. När du praktiserar att värdera dig själv kommer världen att börja spegla det värdet tillbaka till dig. Möjligheter kommer att uppstå, relationer fördjupas och din känsla av uppfyllelse växer. Inte för att du blivit mer värdefull, utan för att du äntligen har börjat se det värde som alltid funnits där.

Kom ihåg, gränser är inte murar. De är broar som tillåter hälsosamma och respektfulla relationer att blomstra. Många har svårt att värdera sig själva eftersom de jagar en ouppnåelig idealbild av perfektion. De tror att de kommer att bli värdefulla först när de går ner i vikt, får en befordran eller uppnår ett specifikt mål. Men perfektion är en illusion.

Istället för att sträva efter felfrihet, sträva efter äkthet. Fira dina imperfektioner – de är det som gör dig mänsklig, relaterbar och verklig. Varje misstag, bakslag eller egenhet ger djup åt din berättelse. Att omfamna dessa delar av dig själv är en radikal handling av självkärlek. Självmedkänsla är hörnstenen i självvärde. Behandla dig själv med samma vänlighet och förståelse som du skulle ge en vän. När du snubblar, istället för att vara hård mot dig själv, fråga dig: "Vad skulle jag säga till någon jag bryr mig om i denna situation?" Ge sedan dessa ord till dig själv.

Bygg vanor av medkänsla i ditt dagliga liv. Det kan vara att skriva dagbok, meditera, be eller helt enkelt stanna upp för att erkänna dina känslor utan att döma dem. Självmedkänsla är inte njutningsfullt – det är nödvändigt för tillväxt och helande. Människor och miljöer runt omkring dig spelar en viktig roll i hur du uppfattar ditt värde. Välj att omge dig med dem som lyfter och uppmuntrar dig. Sök utrymmen som inspirerar och ger energi.

Håll dig borta från negativitet, vare sig det är kritiska människor, dränerande arbetsmiljöer eller ohälsosamma vanor. Ditt värde beror inte på andras åsikter, men en stödjande miljö kan hjälpa dig att se dig själv tydligare.

## Leva med avsikt

Att värdera dig själv innebär slutligen att leva med avsikt. Tillbringa din tid på saker som stämmer överens med dina passioner och värderingar. När du gör det, förstärker du tron att dina drömmar och önskningar är värda att sträva efter.

Fråga dig själv regelbundet: "Heder denna handling vem jag är och vad jag värderar?" Oavsett hur du spenderar fritid, vilka mål du strävar efter eller vilka relationer du vårdar, låt dina handlingar bekräfta ditt självvärde.

# En livslång resa

Konsten att värdera sig själv är inte ett mål utan en resa. Det handlar om att konsekvent finnas där för sig själv, även på de dagar då du känner dig ovärdig. Det handlar om att erkänna att ditt värde inte är till för förhandling – det är konstant, orubbligt och oersättligt. När du praktiserar att värdera dig själv kommer världen att börja spegla det värdet tillbaka till dig. Möjligheter kommer att uppstå, relationer fördjupas och din känsla av uppfyllelse växer. Inte för att du blivit mer värdefull, utan för att du äntligen har börjat se det värde som alltid funnits där.

# Rikets kontakter

"Ditt nätverk är ditt nettovärde." — Tim Sanders

"Dina kontakter med allt runt omkring dig definierar bokstavligen vem du är." – Aaron D. O'Connell

Att knyta kontakter handlar inte bara om att möta människor; det handlar om att möta rätt människor. Du behöver lära dig att relatera till personer med samma intressen och liknande tankesätt. Du vill inte engagera dig med dem som inte delar samma mål, eftersom sådana relationer ofta blir parasitiska. Det betyder dock inte att du inte kan interagera med dem; du kan relatera till dem och dela dina idéer. Var inte rädd för att bygga nya relationer, gå ut och nätverka, relatera, och du kommer säkert att se belöningen i deras uppmärksamhet och respekt.

"Rikets kontakter" syftar vanligtvis på att knyta relationer med människor, organisationer eller gemenskaper inom ramen för en gemensam tro eller världsbild, ofta inom ett kristet sammanhang. Här är några skäl till varför rikets kontakter är viktiga:

- Rikets kontakter ger möjligheter till ömsesidig uppmuntran, bön och andligt stöd. Att vara del av en gemenskap av troende kan stärka ens tro och engagemang.
- Tillhörighet i en riketsgemenskap främjar ansvar i att leva enligt sin tro och sina värderingar. Det uppmuntrar individer att upprätthålla etiska och moraliska standarder.
- Genom rikets kontakter kan individer upptäcka och engagera sig i olika former av tjänande och ministry. Detta tillåter dem att använda sina gåvor och talanger för andras och gemenskapens bästa.

- Att vara del av en riketsfokuserad gemenskap ger möjligheter till lärande och lärjungaskap, där individer kan växa i sin förståelse av Skriften och fördjupa sin relation med Gud.
- Rikets kontakter främjar enhet bland troende från olika bakgrunder och livsvägar. Det betonar vikten av att älska varandra och arbeta tillsammans för gemensamma mål, samt kan ha en större påverkan på samhället genom att kollektivt ta itu med sociala frågor, sprida evangeliet och visa Kristi kärlek på praktiska sätt.

Sammanfattningsvis värderas rikets kontakter för deras roll i att främja andlig tillväxt, ansvarstagande, tjänande, lärande, enhet och outreach inom den kristna gemenskapen.

# Din framgång

Framgång innebär flera viktiga principer, såsom att sätta tydliga mål och definiera vad framgång betyder för dig. Är det ekonomisk stabilitet, karriärtillväxt eller personlig tillfredsställelse? Din budget bör överensstämma med dessa mål. Förstå hur mycket pengar du har som kommer in (inkomst) och går ut (utgifter). Detta hjälper dig att förstå din ekonomiska situation.

Fördela din inkomst så att nödvändiga utgifter täcks först (hyra, räkningar, mat), sedan sparande och investeringar, och slutligen för frivilliga utgifter. Avsätt en del av din inkomst för sparande (nödfond, pension) och investeringar (aktier, fonder) för att bygga förmögenhet över tid.

Granska din budget för att se om du når dina mål. Justera vid behov för att reflektera förändringar i inkomst eller utgifter. Om du har skulder, avsätt medel för att betala av dem systematiskt. Att minimera skulder kan frigöra resurser för andra ekonomiska mål. Vid behov, rådgör med en finansiell rådgivare för att optimera din budget och investeringar baserat på din situation och dina mål. Genom att följa dessa steg kan du skapa en budget som stöder din väg mot framgång, vare sig det är ekonomisk stabilitet, karriärframgång eller personlig tillfredsställelse. Övning ger färdighet – om du inte får det rätt direkt, bli inte orolig. Det tog mig år att hitta rätt rytm för min ekonomi, och det kommer gå bra för dig också.

# Bli inte nedslagen

"Att vårda en känsla får den att frodas. Välj klokt. Glädje, vänlighet, kärlek och omtanke kommer att lysa upp ditt liv." — Amy Leigh Marcere

Det kan vara svårt och frustrerande när saker inte går din väg, för det är svårt att acceptera att det som händer inte alltid har med dig eller dina önskningar att göra. Att hålla motivationen uppe under svåra tider är mycket svårare än när allt går som det ska. Du har ansvaret att göra dig själv lycklig. Det är viktigt att komma ihåg vad som ligger inom din kontroll när så mycket är utanför dina händer. Positivt tänkande är en stark kraft som du kan använda. Drottning, när du tänker, vårdar dina tankar dig och ger hopp för framtiden? Om inte, skapa ett hälsosamt trossystem. Tänk upplyftande tankar, välj upplyftande känslor och fokusera på kreativa idéer. Toxiska tankar skapar toxisk känslor. Om du tänker rädsla, kommer du att känna rädsla. Om du tänker att du är desperat, kommer du känna desperation. Du kan skapa dig ett gott liv eller ett liv av misslyckande. Du kan skapa utrymme i ditt hem för aktiviteter som när ditt sinne. Din bästa investering är i dig själv. Detoxa och ladda om med saker du älskar – lyssna på musik, vandra, be, meditera eller utöva sport.

Livet har en förmåga att trycka ner våra drömmar. Dina drömmar kan begravas under motgångar eller tidigare misstag. Vissa begravs under skilsmässa, låg självkänsla och det är lätt att nöja sig med mediokritet trots att vi alla har potential att drömma stort. Du kommer säkert ha saker du tror på och vill uppnå. Men när du stöter på bakslag – i karriär, relationer eller familj – och saker inte går som du förväntat dig, tenderar vi att bli nedslagna.

I början av tjugoårsåldern, när jag började navigera i vuxenvärlden, insåg jag att vissa av mina jämnåriga inte hade drömmar eller något de verkligen ville göra. Jag lärde mig att drömma inte kommer naturligt – det måste läras. Det kräver mod och tro på sig själv.

Vissa hade tur; de hade vänner som vågade drömma, så de lärde sig också att drömma. Vissa lärde sig från sina föräldrar. Vissa vill förändra sitt liv och drömmer om något bättre. Vissa läser böcker, tittar på filmer, hör andras erfarenheter och blir inspirerade att drömma.

De flesta jag känner som inte vågar drömma hade inte samma tur. Deras vänner kom från liknande miljöer; de hade ingen som lärde dem att drömma och de trodde inte de kunde förändra sitt liv. Därför, även om de drömmer, drömmer de inte stort. Om du är en av dem, här är några saker som jag hoppas kan hjälpa dig att drömma stort.

# Tro på dig själv när andra inte gör det

Världen är full av röster. Vissa hejar på dig, men andra viskar eller skriker tvivel. "Du är inte tillräcklig." "Du har inte det som krävs." "Du kommer aldrig lyckas." Dessa röster kan komma från främlingar, bekanta eller till och med nära människor. Ibland är den mest kritiska rösten den i ditt eget sinne.

Men oavsett var tvivlet kommer ifrån, har du ett val: kommer du låta dessa ord definiera dig, eller kommer du resa dig över dem? Detta kapitel handlar om att hitta modet att tro på dig själv, tysta negativitet och bevisa först för dig själv, och sedan för världen, att du kan klara det.

Tvivlet är tungt. Det kan paralysera dig, få dig att tvivla på dina drömmar och förmågor. Människor kan säga att dina mål är orealistiska, att du siktar för högt, eller att någon som du inte har en chans.

När du internaliserar dessa ord riskerar du att krympa dina drömmar för att passa deras begränsade perspektiv. Men kom ihåg: bara för att någon annan inte kan se din vision betyder det inte att den inte är giltig. Deras tvivel speglar deras begränsningar, inte dina.

Den viktigaste tron är den du har på dig själv. Den är grunden för allt du kommer att uppnå. Om du inte tror att du kan klara det, hur kan du då förvänta dig att någon annan gör det?

Att tro på dig själv är inte arrogans; det är förtroende för de gåvor och talanger Gud har gett dig. Det är att inse att du är skapad med ett syfte och att dina drömmar är värda att sträva efter. När du möter tvivel, påminn dig själv: Ditt värde bestäms inte av andras åsikter. Din resa är unik. Ingen annan har gått i dina skor eller sett världen genom dina ögon. Misslyckande är inte slutet. Det är en språngbräda till framgång.

## Gör tvivel till drivkraft

Istället för att låta tvivel nedslå dig, använd det som drivkraft. Låt varje "du kan inte" tända en eld inom dig för att bevisa dem fel – inte av illvilja, utan för att visa att uthållighet och tro kan övervinna alla hinder.

När någon säger att du inte kan lyckas, fråga dig själv:

- Varför tror de det? Projektar de sina egna rädslor eller begränsningar på dig?
- Tror jag på vad de säger? Om svaret är nej, släpp det. Om svaret är ja, arbeta på att förändra den tron.
- Vad är jag villig att göra för att bevisa mig själv rätt eller fel?

Historien är fylld av människor som fick höra att de inte skulle klara sig. Oprah Winfrey fick höra att hon inte passade för tv. Michael Jordan blev petad från sitt basketlag i high school.

Tänk om de hade lyssnat på tvivlarna? Deras berättelser påminner oss om att framgång inte handlar om vad andra tycker om dig, utan om vad du tror om dig själv och hur hårt du är villig att arbeta.

De röster du lyssnar på spelar roll. Omgiv dig med människor som uppmuntrar, inspirerar och utmanar dig att bli ditt bästa jag. Sök mentorer, vänner och gemenskaper som lyfter dig. Och när negativitet smyger sig på, överrösta den med affirmationer, bön och sanning.

Ordspråksboken 18:21 påminner oss: "Tungan har makt över liv och död." Välj att tala liv över dig själv, även när andra inte gör det.

## Låt tron vara din ankare

När du känner dig svag eller osäker, luta dig mot din tro. Guds Ord är fullt av löften som påminner dig om din styrka och potential:

- "Jag kan göra allt genom honom som ger mig kraft" (Filipperbrevet 4:13).
- "Ty jag vet vilka planer jag har för dig, säger Herren, planer att ge dig framgång och inte skada, planer att ge dig hopp och en framtid" (Jeremia 29:11).
- "Gud är i henne; hon skall inte falla" (Psaltaren 46:5). När världen säger: "Du kan inte," säger Gud: "Du kan." Lita på Hans plan för ditt liv och ta steg framåt, även när vägen verkar osäker.

# Bevisa det för dig själv

Framgång handlar inte om att bevisa andra fel; det handlar om att bevisa för dig själv att du kan. Varje steg du tar, hur litet det än är, bygger självförtroende. Fira dina framsteg och använd dem som påminnelse om att du är starkare och mer motståndskraftig än tvivel.

Resan mot framgång är sällan smidig, och tvivlets röster kommer alltid försöka dra dig av kurs. Men låt dem inte göra det. Dina drömmar är för viktiga, ditt syfte för stort, för att låta negativitet avbryta dem.

Tro på dig själv, lita på Gud och fortsätt framåt. Du behöver ingen annans tillstånd för att lyckas – bara modet att fortsätta. En dag kommer du att se tillbaka och inse att det enda som spelade roll var att du aldrig gav upp. Och i det ögonblicket kommer du veta att du klarade det.

Hitta Din Ödespartner

I livets resa är få val lika avgörande som att välja rätt partner. Detta koncept sträcker sig bortom personliga relationer till områden som affärer, samarbeten och ambitioner. Oavsett om det handlar om en romantisk partner, en affärspartner eller en kreativ medarbetare kan rätt partnerskap förstärka din potential, medan fel partner kan hämma din utveckling.

En nyckelfaktor för ett framgångsrikt partnerskap är överensstämmelse i vision och mål. Föreställ dig två personer som försöker ro en båt men åt motsatta håll. Resultatet blir stillastående. På samma sätt, när partner inte är synkade, blir framsteg en ständig kamp. I affärer förstår rätt partner dina ambitioner och kompletterar dem. De delar inte bara ditt mål – de hjälper aktivt att navigera resan. Denna överensstämmelse minskar konflikter, bygger förtroende och säkerställer att båda parter arbetar mot ett gemensamt mål.

Partnerskap blomstrar när individer bidrar med olika men kompletterande färdigheter. Rätt partner fyller de luckor där du saknar expertis, vilket skapar en synergi som mångdubblar effektiviteten. Ta Steve Jobs och Steve Wozniak som exempel. Jobs hade visionen och affärssinnet, medan Wozniak hade den tekniska geni som behövdes för att bygga produkterna. Tillsammans förvandlade de Apple till en global jätte. Utan denna balans av styrkor hade deras resa kunnat se helt annorlunda ut.

Förtroende är grunden för alla starka partnerskap. Rätt partner respekterar dina förmågor, åsikter och individualitet. De litar på att du tar beslut inom dina expertområden, och du litar på dem att hantera sina. När förtroende finns är partnerskap motståndskraftiga inför utmaningar. Utan det kan även små misstag leda till misstänksamhet och bitterhet, vilket i slutändan kan förstöra relationen.

Förutom kompletterande styrkor måste det finnas en grundläggande kompatibilitet. Denna kompatibilitet handlar inte bara om gemensamma intressen, utan om gemensamma värderingar, kommunikationsstilar och problemlösningsstrategier. Rätt partner förstår hur du tänker och agerar, vilket minimerar missförstånd och främjar effektivt samarbete, även under press.

Att välja rätt partner kräver framsynthet. Det handlar inte bara om omedelbara fördelar utan om relationens långsiktiga påverkan. Rätt partner är någon som växer med dig, anpassar sig till förändrade omständigheter och stannar engagerad genom upp- och nedgångar. Att investera i rätt partner innebär att ta sig tid att utvärdera kompatibilitet, gemensamma värderingar och långsiktig överensstämmelse. Det är bättre att vänta på rätt person än att rusa in i ett partnerskap som kanske inte gagnar dig i framtiden.

Medan rätt partner kan lyfta dig, kan fel partner dra dig nedåt. Ett olämpligt partnerskap leder ofta till friktion, slösade resurser och känslomässig stress. I affärer kan det innebära ekonomiska förluster eller missade möjligheter. I personliga relationer kan det skapa en cykel av besvikelse och frustration. Kostnaden för att nöja sig med fel partner överstiger ofta ansträngningen som krävs för att hitta rätt. Att tidigt känna igen varningssignaler, såsom motstridiga värderingar eller olika prioriteringar, kan rädda dig från långvariga komplikationer.

Även när du hittar rätt partner kräver relationen vård. Partnerskap är inte statiska; de utvecklas. Öppen kommunikation, regelbundna uppföljningar och ömsesidiga ansträngningar säkerställer att relationen förblir stark och anpassningsbar till förändringar. Rätt partner kan göra skillnaden mellan stagnation och framgång, frustration och tillfredsställelse. Oavsett om det handlar om kärlek, affärer eller samarbeten, är det en av de viktigaste besluten du kan ta att investera tid och energi i att hitta någon som delar din vision, kompletterar dina styrkor och växer med dig. Rätt partner är inte bara någon som står vid din sida, utan någon som driver dig framåt och hjälper dig att nå höjder du aldrig trodde var möjliga.

Jag vill att du börjar se dig själv som en hustru innan du möter din man. Det är vanligt att kvinnor tror att de måste "examineras" till att bli en hustru innan de möter sin man. På ett sätt tror jag att vi förbereds när våra hjärtan är öppna för kärlek. Åtminstone var det så för mig.

När du är en kvinna med högt värde kan dejting bli mycket utmanande, för du vill ha en man som delar dina värderingar, hoppas jag! Kärlek är ett mysterium som endast Gud har gett mänskligheten. Jag kan inte förstå hur det är möjligt att två individer från olika livsvägar kan mötas och bli kära.

Begreppet "själssyster" eller "soulmate" är förlegat. Jag tror inte att det finns något sådant som en soulmate, men jag tror att vi har fått ödespartners i livet, och det är upp till oss och dem att känna igen varandra. Jag tror att det finns flera alternativ för dig, men det är upp till dig att känna igen din man när du möter honom.

I en värld som ofta glorifierar snabba beslut och omedelbar tillfredsställelse kan idén om att vänta, särskilt på rätt partner, kännas outhärdlig. Ensamhet viskar lögner, samhället lägger press, och självtvivel smyger sig på och säger åt dig att nöja dig med mindre än Guds bästa. Men sanningen är att Guds plan för dina relationer är långt bättre än något du själv kan ordna. När du väljer att vänta på Honom, fördröjer du inte bara kärleken – du tillåter Honom att förbereda både dig och din framtida partner för en relation grundad i syfte, tro och villkorslös kärlek.

Och till mina singeltjejer – kom ihåg, du är redan en hustru innan du möter din man, och du är en drottning innan du möter din kung.

Nöj dig inte med mindre – du förtjänar det bästa

Att nöja sig händer när otålighet eller rädsla skymmer ditt omdöme. Du övertygar dig själv om att en person som inte riktigt delar dina värderingar är "tillräckligt bra." Kanske uppfyller de vissa kriterier, men inte de viktigaste – tro, karaktär och emotionell mognad.

När du nöjer dig riskerar du att gå in i en relation som inte hedrar Gud eller uppfyller dina djupare behov. Ett förhastat beslut kan leda till hjärtesorg, frustration och andlig stagnation. Bibeln varnar för att vara "ojämt hopparad" och påminner oss om att gemensam tro är grundläggande för en sund, Gud-centrerad relation (2 Korinthierbrevet 6:14).

Att nöja sig kan verka enklare på kort sikt, men leder ofta till långvarig otillfredsställelse. Att lita på Guds timing och vägledning leder däremot till en relation som inte bara är tillfredsställande utan också en reflektion av Hans kärlek.

## Överlämna dina önskningar till Gud

Det första steget för att låta Gud vägleda dig är att överlämna dina önskningar till Honom. Detta betyder inte att ge upp kärleken – det betyder att släppa kontrollen och lita på att Gud vet vad som är bäst för dig.

Be ärligt om dina hopp och rädslor. Berätta för Gud vad du önskar hos en partner men be också Honom justera dina önskningar med Hans vilja. Psaltaren 37:4 säger: "Ha din glädje i Herren, så skall Han ge dig vad ditt hjärta önskar." När du prioriterar din relation med Gud, förvandlar Han ditt hjärta så att du önskar det Han önskar för dig.

## Förberedelsens säsong

Medan du väntar på rätt partner använder Gud ofta denna tid för att förbereda dig. Det är ingen förlorad tid – det är en tid för tillväxt och transformation.

1. Fokusera på din relation med Gud: En stark relation med Gud är grunden för alla andra relationer. Använd denna tid för att fördjupa din tro, studera Hans ord och växa andligt.
2. Arbeta på dig själv: Be Gud visa områden där du behöver växa. Det kan vara att lära dig tålamod, övervinna osäkerheter eller utveckla bättre kommunikationsförmåga – detta är din möjlighet att bli den bästa versionen av dig själv.
3. Tjäna andra: Använd din singeltid för att tjäna din gemenskap, följa dina passioner och göra skillnad. Detta ger inte bara glädje utan för dig också i kontakt med likasinnade som delar dina värderingar.

Lyssna på Guds vägledning

Guds röst kommer kanske inte som ett öronbedövande dån, men Han talar genom bön, Skriften och klokt råd. Var uppmärksam på den frid eller oro du känner inför någon. Gud leder dig aldrig in i en relation som strider mot Hans ord eller komprometterar dina värderingar.

När du möter någon, be om urskiljning. Be Gud visa deras karaktär, avsikter och kompatibilitet med din tro och ditt syfte. Stressa inte fram processen – sann kärlek utvecklas med tid och tålamod.

Lita på Guds timing

En av de svåraste delarna av väntan är att lita på Guds timing. Det kan kännas som att alla runt omkring dig hittar sin partner medan du blir kvar. Men kom ihåg, Guds tidsplan är perfekt. Han är inte långsam eller glömsk – Han förbereder rätt person och rätt ögonblick för att ni ska mötas.

Jesaja 40:31 säger: "Men de som väntar på Herren skall få ny kraft; de skall lyfta med vingar som örnar; de skall springa utan att bli trötta; de skall gå utan att mattas." Att vänta på Gud är inte passivt – det är en aktiv process av tro, växande och handling.

När Gud skriver din kärlekshistoria är det värt att vänta. En partner utvald av Honom kommer att dela din tro.

Dröm Stort

Drömmar är bränslet som driver oss framåt, fyren som guidar oss genom de mörkaste tiderna. De är visioner av vårt framtida jag, aspirationer som pressar oss bortom våra gränser. Drömmar erbjuder en glimt av vad vi kan bli och driver oss att nå vår fulla potential.

Drömmar ska vara skrämmande. Du försöker forma ditt framtida jag. Om din dröm inte skrämmer dig, är den inte tillräckligt stor. Om den inte skrämmer dig är den inte stor nog.

Rädsla är en universell känsla. Den viskar i tvivlets stunder och skriker i osäkerhetens tider. För många blir rädsla ett hinder som stoppar dem från att följa sina drömmar och leva sitt syfte. Men rädsla, när den förstås och används rätt, kan också vara en kraftfull motivator – en guide som driver oss utanför komfortzonen och mot verklig uppfyllelse.

Rädsla uppstår ofta när vi står på tröskeln till något betydelsefullt. Den signalerar att vi går in i okänd terräng, möter det okända eller utmanar status quo. Istället för att se rädsla som en fiende, betrakta den som ett tecken på att du är på väg mot tillväxt.

När du följer ditt syfte är rädsla ofta ett tecken på att du bryr dig djupt om vad som ligger framför dig. Det viktiga är inte att rädslan finns, utan hur du svarar på den.

Att drömma stort och att nöja sig ses ofta som motsatta krafter – den ena uppmanar oss att sikta mot stjärnorna, den andra ber oss finna nöjdhet i det vi har. När de betraktas tillsammans avslöjar de en djupare sanning: båda är nödvändiga på vägen mot ett meningsfullt liv.

Drömmar i stor skala är grunden för innovation, framsteg och personlig utveckling. De låter oss föreställa oss möjligheter bortom våra nuvarande omständigheter och inspirerar oss att nå mål som kan verka djärva eller omöjliga. Historien är fylld med exempel på personer som vågade drömma stort – visionärer som Martin Luther King Jr., Donald J. Trump som trodde att han kunde bli USA:s nästa president utan politisk bakgrund (och han gjorde det), och Elon Musk som förändrade världen genom att tro på idéer som andra ansåg omöjliga.

Stora drömmar stärker ambition och motiverar oss att tänja på gränser, utveckla våra talanger och övervinna hinder. De påminner oss om att vi är kapabla till mer än vi kanske tror och uppmuntrar oss att ta risker i jakten på något större.

Att drömma stort bygger också motståndskraft. Jakten på djärva mål innebär ofta misslyckanden, avslag och svårigheter. Men storleken på drömmen kan ge det emotionella bränsle som behövs för att fortsätta, även när oddsen verkar mot oss.

Drömmar skapar också en ringeffekt. När vi vågar drömma, inspirerar vi andra att göra detsamma. Vår mod att se en ljusare framtid kan påverka vänner, familj och till och med samhällen att sikta högre.

Samtidigt kan stora drömmar leda till utmattning, frustration eller känsla av ständig otillfredsställelse om de inte balanseras med realism och tacksamhet. Drömmar utan förankring kan bli illusioner, vilket leder oss till mål som kanske inte längre överensstämmer med våra värderingar eller vårt välbefinnande. Här kommer värdet av att inte nöja sig in – inte som att ge upp, utan som ett sätt att finna frid och uppfyllelse på resan.

Vikten av Nöjdhet

Att "nöja sig" har ofta en negativ klang, som om det innebär att acceptera mindre än vad vi förtjänar. Men i sin sanna form handlar det om att hitta glädje i nuet och uppskatta det vi redan har. Det är en form av tacksamhet och nöjdhet som låter oss leva fullt ut utan att ständigt jaga nästa stora sak.

Att nöja sig odlar inre frid. I en värld som ständigt kräver mer kan valet att nöja sig vara en radikal handling av självomsorg. Det påminner oss om att lycka inte alltid finns i avlägsna mål, utan i de små, vardagliga stunder som gör livet meningsfullt.

Att nöja sig ger klarhet. När vi tar en paus för att uppskatta var vi är får vi perspektiv. Ibland är det vi trodde att vi ville ha inte vad vi verkligen behöver, och att nöja sig gör det möjligt att justera våra mål och önskningar.

Att nöja sig främjar tacksamhet. Ett liv som ständigt jagar kan förbise skönheten i det som redan uppnåtts. Att nöja sig hjälper oss att erkänna våra prestationer, relationer och välsignelser som värda att fira.

Nyckeln till ett uppfyllande liv ligger inte i att välja mellan att drömma stort och att nöja sig, utan i att harmonisera de två.

1. Dröm stort men håll fötterna på jorden. Låt dina drömmar inspirera dig, men låt dem inte konsumera dig. Erkänn att resan mot dina mål är lika viktig som att nå dem.
2. Sätt delmål längs vägen. Dela upp dina stora drömmar i mindre, uppnåeliga steg. Fira varje delmål som en seger och ta dig tid att reflektera över din framgång.
3. Omfamna livets olika säsonger. Det kommer att finnas tider för att jaga stora drömmar och tider för att landa i nöjdhet. Förstå att båda är giltiga och nödvändiga.
4. Utvärdera dina prioriteringar regelbundet. Drömmar kan utvecklas när du växer. Fråga dig själv: Är dessa mål fortfarande i linje med mina värderingar? Jagar jag detta för mig själv eller för att uppfylla någon annans förväntningar?
5. Öva tacksamhet dagligen. Oavsett om du strävar efter stjärnorna eller stannar upp för att uppskatta utsikten, kommer tacksamhet att hålla dig jordad och glad.

Att drömma stort ger livet syfte och riktning, medan att nöja sig erbjuder fred och tillfredsställelse i vetskapen om att livet redan är rikt och meningsfullt. Tillsammans skapar de en balanserad väg mot personlig utveckling – en som låter dig sikta högt utan att förlora sikte på det som redan finns inom räckhåll. Genom att omfamna båda skapar du utrymme för ambition utan att offra nöjdhet, och hedrar både din potential och ditt nu. I denna balans ligger hemligheten till ett väl levt liv.

## Erkänn Dina Rädslor

Många försöker undertrycka rädsla och låtsas som om den inte finns. Men att ignorera rädsla ger den bara mer makt. Att erkänna din rädsla låter dig konfrontera den direkt.

Fråga dig själv:

- Vad är jag verkligen rädd för?
- Vad är det värsta som kan hända?
- Är denna rädsla baserad på verklighet eller antaganden?

Genom att analysera din rädsla upptäcker du ofta att den inte är lika oöverstiglig som den först verkade.

Rädsla har en förmåga att skärpa dina prioriteringar. När rädsla uppstår tvingas du utvärdera vad som verkligen betyder något för dig. Den frågar: Är detta värt risken? Till exempel, om tanken på misslyckande skrämmer dig men idén att aldrig försöka fyller dig med större ånger, får du klarhet. Rädsla blir ett verktyg för att skilja mellan vad du är villig att kämpa för och vad du inte är.

Att följa ditt syfte kräver att du kliver utanför din komfortzon, och rädsla är portvakten. Den står mellan det bekanta och det okända och testar din beslutsamhet.

Tillväxt sker när du bryter igenom denna barriär. Varje gång du möter en rädsla och fortsätter framåt expanderar du din komfortzon. Det som en gång verkade omöjligt blir hanterbart, och det som en gång skrämde dig blir en språngbräda.

## Förvandla Rädsla till Bränsle

Istället för att låta rädsla paralysera dig, använd den för att driva dig framåt. Så här:

- Istället för "Jag är rädd för att misslyckas", tänk "Jag ser fram emot att se vad jag kan lära mig."
- Rädsla producerar adrenalin. Omvandla den energin till förberedelse och handling.
- Dela upp ditt syfte i mindre, mindre skrämmande steg. Varje framgång bygger självförtroende och minskar rädsla.

## Rädslan för Misslyckande och Rädslan för Framgång

Två vanliga rädslor dyker ofta upp när man följer sitt syfte:

- Rädslan för misslyckande: Rädsla för avslag, förlägenhet eller att inte räcka till. Den kommer från en önskan om bekräftelse och rädsla för dömande.
- Rädslan för framgång: Rädsla för förändring, ökat ansvar eller att förlora relationer. Den uppstår när vi ifrågasätter om vi är redo för nästa nivå.

Båda rädslorna har sitt ursprung i självtvivel. Att övervinna dem kräver ett tankesättsskifte – fokusera inte på yttre resultat utan på personlig utveckling och autenticitet.

## Var Inte Rädd

Mod missförstås ofta som frånvaro av rädsla. Mod är förmågan att agera trots rädsla. Det är beslutet att fortsätta framåt, även när hjärtat rusar och tankarna viskar tvivel. Varje gång du väljer mod över rädsla stärker du din beslutsamhet och tar ytterligare ett steg mot ditt syfte.

De mest gripande berättelserna är inte de som saknar kamp, utan de där protagonisten konfronterar sina rädslor och blir starkare. Din resa mot ditt syfte är inte annorlunda. Rädsla tillför djup till din berättelse, framhäver riskerna du tog och resiliensen du visade.

När du ser tillbaka kommer de stunder som skrämde dig mest sannolikt att vara de du är mest stolt över att ha övervunnit. Rädsla är inte ett hinder; det är en följeslagare på resan mot att uppfylla ditt syfte. Den utmanar dig, testar dig och formar dig i slutändan. Genom att erkänna rädsla, omformulera den och agera trots den, förvandlar du den från en kraft som håller dig tillbaka till en som driver dig framåt.

Ditt syfte ligger på andra sidan rädslan. Ta steget framåt, inte för att du är orädd, utan för att ditt syfte är värt att möta rädslan rakt på. Omgiv dig med människor som drömmer stort och drivs av syfte. Att vara runt dessa personer kan motivera dig att börja drömma stort också – deras mod smittar, och du kommer att känna spänning inför framtidens möjligheter!

Låt inte omständigheter avleda dig från dina mål. Du kanske inte förstår varför ditt företag inte växte, varför din partner gick vidare, varför du är sjuk eller varför så mycket gick fel. Du kanske känner att du får fel respons från rätt handlingar. Slappna av, allt är en del av processen. Din dröm kan vara begravd, men vetskapen om att den fortfarande lever är en god känsla – det är inte för sent att se den gå i uppfyllelse.

Den sanna markeringen av en mästare syns när hinder kastas över din dröm och istället för att låta den begravas, fortsätter du att skaka av dig, fortsätter framåt och söker nya möjligheter. Om du vill nå din högsta potential måste du bestämma dig för att vara engagerad på lång sikt. Omständigheter kan avskräcka dig, förseningar kan få dig att ge upp, kritiska människor kan distrahera dig. Håll fokus på ditt mål. Detta är din tid att lyckas. Ditt öde ropar på dig. Dröm stort och förverkliga dina stora drömmar. Jag är en drömmare och jag kommer aldrig sluta drömma.

Bön

Käre Herre,

Vänligen ge mina systrar visdom och styrka att uppfylla sitt syfte. Visa dem de gåvor som Du har gett dem. Ge dem mod och förmåga att sträva efter allt som Du sagt är deras. Tack för att Du höjer deras självkänsla. Skydda dem från människor som inte är för dem, må Din perfekta vilja ske i deras liv. Ta bort all rädsla och tvivel i Jesu namn, amen!

Vikten av Din Krona

När Gud kröner dig handlar det inte om yttre ära, utan om inre förvandling. Psalm 8:5 säger: "Du har krönt dem med ära och härlighet." Det betyder att din krona inte är skapad av människor. Den kommer från himlen själv. För vissa representerar kronan att hitta sitt syfte – det ögonblick när du slutligen förstår vem du är och varför du blev skapad. För andra representerar kronan att leva i syfte – att dagligen leva i linje med Guds vision, även när det kostar dig komfort, relationer eller erkännande. Hur som helst är kronan en påminnelse om att ditt liv inte är vanligt. Du är utvald. Du är betydelsefull.

Sanningen är detta: kronor är vackra, men de är också tunga. De bär ansvaret med sig. Att bära din krona betyder att acceptera ledarskapets, förvaltarskapets och påverkanens kallelse. Det betyder att gå annorlunda, leva med avsikt, och veta att andra ser på dig som ett exempel. Vissa dagar kan det kännas överväldigande att bära din krona. Du kan känna dig otillräcklig, osäker eller för bristfällig för att representera kunglighet. Men kom ihåg detta: din krona är inte förtjänad, den är given. Den placerades på ditt huvud den dag Gud kallade dig, hans dotter. Du är krönt med syfte, inte på grund av perfektion, utan på grund av hans nåd.

När du ser på din krona, låt den påminna dig om tre sanningar:

1. Du är utvald. Gud handplockade dig för denna generation. Av miljontals människor placerade Han ett unikt syfte i dina händer.
2. Du är utrustad. Allt du behöver för att uppfylla ditt syfte finns redan inom dig. Kronan påminner om att Gud inte kallar de kvalificerade – Han kvalificerar de kallade.
3. Du är ansvarig. Att bära kronan betyder att leva på ett sätt som hedrar Gud och tjänar andra. Din krona är inte bara för dig, utan för den påverkan du är ämnad att ha.

För vissa upptäcks syftet fortfarande. Du kanske söker och frågar: "Herre, varför är jag här?" Det är okej. Din krona är redan på ditt huvud, det tar bara tid att känna igen den. För andra går du redan i din kallelse. Du har sagt ja till visionen. Du använder dina gåvor. Men även då är kronan en daglig påminnelse om att inte drifta, inte kompromissa och inte glömma vem du är och Vems du är. Oavsett om du just hittar ditt syfte eller redan går modigt i det, representerar kronan Guds "ja" över ditt liv. Den representerar Hans löfte att ditt liv har mening, att dina strider inte är förgäves och att din resa leder till ditt öde. Din krona kanske inte gnistrar med diamanter eller skiner i guld, men den bär något mycket större – den bär Guds härlighet. Det är en krona av uthållighet, en krona av helande, en krona av kallelse och en krona av seger. Bär den med värdighet. Bär den med ödmjukhet. Bär den som en påminnelse om att du går i gudomligt syfte, oavsett om du fortfarande söker eller redan kliver modigt in i ditt öde. Och glöm aldrig: din krona kan inte stjälas, eftersom Den som placerade den på ditt huvud är trofast att behålla den där.

Bön

Fader, tack för att Du krönte mig med ära och härlighet. Tack för att Du gav mitt liv syfte och mening. Hjälp mig att bära min krona med ödmjukhet, mod och tro. Lär mig att hedra det ansvar som följer med den och att gå modigt i det syfte Du har designat för mig. Må min krona alltid påminna mig om att jag är Din och att mitt liv tillhör Dig. I Jesu namn, amen.

Skydda Din Krona

Att uppfylla ditt Gud-givna syfte är en av livets mest givande resor, men också en av de mest utmanande. Längs vägen kommer du möta människor och situationer som antingen kan driva dig framåt eller hindra din framgång. För att skydda din krona och stanna på syftets väg är urskillning avgörande. Ursillning låter dig identifiera människor och influenser som är i linje med Guds vilja och känna igen dem som hotar att avleda dig. Detta kapitel utforskar hur du kan skydda din krona, förbli fokuserad på ditt syfte och utveckla urskillning för att navigera relationer och utmaningar effektivt.

Din krona symboliserar din gudomliga identitet och den auktoritet Gud har placerat över ditt liv. Den representerar din unika kallelse och äran att bli utvald av Honom. Psalm 8:5 påminner oss: "Du har gjort dem lite lägre än änglarna och krönt dem med ära och härlighet." Ditt syfte är anledningen till att Gud skapade dig, din specifika roll i Hans plan. Jeremia 29:11 säger: "För jag vet vilka planer jag har för dig," säger Herren, "planer att ge dig framgång och inte skada dig, planer att ge dig hopp och en framtid."

Att skydda din krona och ditt syfte innebär att känna igen ditt värde i Guds ögon. Att vakta din kallelse mot distraktioner och attacker. Att förbli rotad i sanningen i Guds Ord. Ursillning är förmågan att skilja mellan vad som kommer från Gud och vad som inte gör det. Det är en andlig gåva som hjälper dig att identifiera sanning, navigera relationer och fatta beslut som är i linje med Guds vilja.

Ordspråksboken 4:23 varnar: "Över allt annat, vakta ditt hjärta, för ur det flödar allt som du gör."

Utan urskillning riskerar du att låta negativa influenser dra dig bort från ditt syfte. Slösa tid på relationer eller möjligheter som inte är en del av Guds plan. Bli offer för manipulation eller bedrägeri. Ursillning ger dig möjlighet att skydda ditt hjärta, ditt sinne och din resa mot att uppfylla din kallelse.

Känn Igen Människor som Inte Menar Dig Väl

Alla i ditt liv är inte menade att resa med dig. Vissa kan vara distraktioner, andra medvetna hinder. Att identifiera dessa personer är avgörande för att hålla sig på den väg Gud har satt för dig.

Tecken på människor som inte menar dig väl

1. De underminerar din kallelse
    - De kan förminska dina drömmar, bagatellisera dina ansträngningar eller avskräcka dig från att följa det Gud lagt i ditt hjärta.
2. De är avundsjuka eller konkurrerande
    - Istället för att fira din framgång tävlar de med dig eller misströstar över den välsignelse du fått.
3. De tömmer dig andligt och emotionellt
    - Toxiska relationer lämnar dig ofta utmattad, orolig eller förvirrad, snarare än upplyft och uppmuntrad.
4. De saknar integritet
    - Människor som ljuger, manipulerar eller agerar själviskt är inte i linje med Guds principer och kan skada din andliga utveckling.

5. De skapar splittring
    - Istället för att främja enhet sprider de oenighet, skvaller eller försöker vända andra mot dig.

Utveckla Andlig Ursillning

Ursillning är inte automatisk; det kräver bön, visdom och en djup koppling till Gud. Så här kan du odla urskillning:

- Be om visdom och förståelse (Jakobsbrevet 1:5).
- Meditera över Skriften för att stämma dina tankar med Guds sanning (Psalm 119:105).
- Odla en nära relation med Gud och den Helige Ande. Den Helige Ande är din guide som hjälper dig att känna igen vad som är i linje med Guds vilja. Uppmärksamma inre påtryckningar eller fred (eller bristen på den) i vissa situationer. Lita på Anden att avslöja dolda motiv eller faror (Johannes 16:13).
- Omgiv dig med andligt mogna individer som kan erbjuda visdom och ansvarsskyldighet. Ordspråksboken 11:14 säger: "Utan ledning faller ett folk, men genom många rådgivare kommer seger."

Be Gud visa om en relation hjälper eller hindrar din vandring med Honom. Var villig att släppa relationer som inte är en del av Hans plan. När du identifierat hoten mot din krona och ditt syfte är det viktigt att agera för att skydda dem.

Sätt Gränser

Hälsosamma gränser skyddar din tid, energi och fokus. Begränsa interaktioner med människor som konsekvent avskräcker eller distraherar dig. Prioritera relationer som uppmuntrar andlig tillväxt och ligger i linje med Guds plan. Distraktioner kommer, men genom att hålla ögonen på Guds kallelse kan du förbli ståndaktig. Påminn dig själv om ditt "varför" och visionen Gud har gett dig. Undvik att jämföra din resa med andras, eftersom detta kan leda till avund eller modlöshet.

När du söker ditt syfte befinner du dig i en ömtålig och ofta osäker fas. Detta är när yttre röster – familj, vänner, samhälle, kultur – kan påverka dig mest. Om du inte sätter gränser kan du lätt dras in i att leva någon annans vision för ditt liv istället för den Gud lagt inom dig.

Gränser kan se ut så här:

- Säga nej till aktiviteter, relationer eller åtaganden som distraherar från din inre tillväxt.
- Begränsa exponering för negativitet eller människor som ständigt ifrågasätter dina drömmar.
- Skydda din tid så att du kan be, reflektera, studera och utforska utan skuld.

Utan gränser under denna fas riskerar du att fastna i distraktioner som fördröjer upptäckten av vem du är ämnad att bli. Syfte kräver klarhet, och klarhet kräver utrymme. Ironiskt nog, när du upptäcker ditt syfte blir gränser ännu viktigare. Syfte drar uppmärksamhet, lockar möjligheter, förfrågningar och ibland till och med motstånd. Utan gränser kan du bränna ut dig, sprida dig för tunt eller kompromissa med dina värderingar för att tillfredsställa alla.

När du hittar ditt syfte skyddar gränser din energi och fokus så att du kan utföra arbetet med excellens. De bevarar också din känsla av jag, och säkerställer att din identitet inte förbrukas av andras förväntningar. Syfte betyder inte att säga ja till allt; det betyder att lära sig urskilja vad som är i linje med din kallelse och vad som inte är det. Gränser i denna fas kan inkludera:

- Schemalägga vila och sabbatstid, i vetskap om att även meningsfullt arbete kräver balans.
- Vägra låta manipulation, skuld eller press styra dig bort från Guds riktning.
- Erkänna att ditt "ja" har vikt och därför inte kan ges lättvindigt.

Gränser är inte murar för att hålla människor ute; de är portar för att hålla ditt syfte säkert. De är en form av förvaltarskap. Precis som en bonde bygger ett stängsel runt en vingård för att skydda frukten, bygger du gränser för att skydda gåvan inom dig.

Andligt hedrar gränser Gud. De säger: Jag värdesätter det Du anförtrott mig, och jag kommer inte låta det gå till spillo. Praktiskt hedrar gränser dig själv. De säger: Jag känner mitt värde och jag kommer inte låta min frid, tid eller vision förbrukas vårdslöst. Utan gränser kan även det mäktigaste syftet spä ut sig. Med gränser blir syfte hållbart, fruktbart och skyddat. Gränser låter dig växa i styrka medan du söker din kallelse och förbli stark när du går modigt i den. Ditt "ja" kommer förändra liv. Men ditt "nej" kommer skydda ditt liv.

# BE FÖR DINA FIENDER

Jesus lär oss att be för dem som motsätter sig oss (Matteus 5:44). Att be för svåra människor betyder inte att låta dem skada dig – det betyder att överlåta dem till Gud och skydda ditt hjärta från bitterhet. Exodus 14:14 påminner oss: "Herren ska strida för er; ni behöver bara vara stilla." När du möter motstånd eller andliga attacker, lita på att Gud försvarar dig och fullbordar sitt syfte i ditt liv. När du skyddar din krona och ditt syfte med urskillning, placerar du dig själv för att uppleva Guds nåd och välsignelser. Att hålla sig i linje med Hans vilja gör att du kan gå i frid, självsäkerhet och seger. Jakobsbrevet 1:12 lovar: "Salig är den som står emot prövning, för när han har provats skall han få livets krona som Herren har lovat dem som älskar honom." Genom att vakta ditt hjärta, sätta gränser och förlita dig på Guds vishet hedrar du den kallelse Han lagt på ditt liv. Att skydda din krona och ditt syfte kräver vaksamhet, bön och viljan att släppa det som inte är i linje med Guds plan. När du odlar urskillning blir du bättre rustad att navigera relationer och utmaningar med vishet och nåd.

Din resa mot att uppfylla ditt syfte är helig, och kronan Gud har placerat på ditt liv är värd att skydda. Stanna rotad i Honom, lita på Hans vägledning och gå självsäkert i din kallelse, i vetskap om att Han som påbörjade ett gott verk i dig ska fullborda det (Filipperbrevet 1:6).

Uppenbarelseboken 3:11 varnar: "Jag kommer snart. Håll fast vid det ni har, så att ingen tar er krona." Denna vers påminner oss om att vakta mot distraktioner, kompromisser och synd som kan äventyra vår kallelse. De kronor vi får i detta liv är tillfälliga, men den yttersta kronan är evig. Uppenbarelseboken 4:10-11 målar en stark bild av vad vi kommer göra med våra kronor i himlen:

"De lade sina kronor inför tronen och sade: 'Du är värdig, vår Herre och Gud, att få ära, makt och härlighet, för du skapade allt.'"

Det påminner oss om att varje krona vi får i slutändan är för Guds ära. Att leva med syfte och krönt innebär att leva med evigheten i åtanke, i vetskap om att ditt liv är en del av ett större rikes syfte.

# DIN NÄTVERK ÄR DITT VÄRDE

Arbeta med din vision och mission, dina långsiktiga och kortsiktiga mål, veckovis, månadsvis och årligen. Skaffa kalender och anteckningsböcker. Om möjligt, skapa ett kontorsutrymme hemma där du kan arbeta med branding, budget och affärsplaner. Drottningar väntar inte på att livet ska hända – vi tar kontroll och gör livet hända. Denna vision säkerställer att du, dina medarbetare, ledare och kunder arbetar mot en framtid där din mission når sin fulla potential. Visionen säkerställer rätt uppställning och process för att uppnå framgång. Den definierar hur du fattar beslut och använder din tid.

Vi älskar alla, men prokrastinering är en av våra största fiender. Vi ger den inte någon tid på dagen när den dyker upp; vi agerar eftersom dess syster, TIDSTJUVARN, inte heller är vår vän. Detta leder mig till nästa ämne: att känna ditt team.

Vänskaper är några av de mest inflytelserika relationerna i livet. De formar vem du är, påverkar dina beslut och kan antingen driva dig mot ditt syfte eller dra dig bort från det. De människor du släpper in i din innersta krets har makten att inspirera, utmana och lyfta dig – eller tömma, avskräcka och avleda dig.

Att välja rätt vänner handlar inte om exklusivitet eller perfektion; det handlar om att omge dig med människor som delar dina värderingar, uppmuntrar din utveckling och speglar den person du strävar efter att vara.

Ordspråksboken 13:20 säger: "Vandra med de visa och bli vis, men en dåres följeslagare lider skada." Denna vers påminner oss om att vårt sällskap formar vår karaktär och framtid. Vänner påverkar ditt tankesätt, dina vanor och till och med din relation med Gud.

Bra vänner erbjuder stöd under svåra tider, firar dina segrar och håller dig ansvarig när du avviker från dina värderingar. Å andra sidan kan fel vänner leda dig in på negativa, frestande eller stillastående vägar. När du väljer vänner är det viktigt att se bortom ytliga kvaliteter och fokusera på djupare egenskaper. En stark vänskap byggs på gemensam grund.

# DELIKTIGA FRÅGOR ATT STÄLLA

Dina vänner delar dina övertygelser och moraliska kompass? Det betyder inte att ni måste hålla med om allt, men gemensamma kärnvärden ger en grund av ömsesidig respekt och förståelse. Sanna vänner lyfter dig. De firar dina framgångar utan avund och uppmuntrar dig när du kämpar. Leta efter vänner som talar liv i dina drömmar och påminner dig om din potential. Bra vänner säger inte bara det du vill höra – de säger det du behöver höra. De håller dig ansvarig för dina handlingar och korrigerar dig kärleksfullt när du har fel. Förtroende är hörnstenen i alla relationer. En god vän är ärlig, pålitlig och håller dina hemligheter. Vänskap bör vara ömsesidig. Båda parter bör investera tid, energi och omsorg i relationen.

# VÄRDESÄTT DITT NÄTVERK

Syfte uppnås aldrig i isolering. Vi är skapade för gemenskap, och människorna omkring oss kan antingen driva oss framåt eller tynga oss. Ett starkt nätverk är som bördig jord – det när dig, utmanar dig och stöder fröna till ditt öde när de växer. Därför är det viktigt att värdesätta de människor Gud placerar i ditt liv. Varje person i din krets är på något sätt en del av din berättelse. Vissa ger visdom. Vissa ger möjligheter. Vissa slipar dig genom ansvar. Andra går helt enkelt vid din sida så att du vet att du inte är ensam. Relationer är en av syftets största valutor, och när du hedrar dem, hedrar du Gud som anförtrott dem till dig.

Men här är den hårda sanningen: inte alla relationer är menade att vara för evigt. Vissa förbindelser var endast till för en säsong, och att försöka hålla dem längre kan bli giftigt för din utveckling. Fruktlösa relationer dränerar mer än de ger. De lämnar dig tom istället för stärkt, ifrågasätter dig istället för att göra dig till ditt bästa jag. Jag fick lära mig att släppa taget inte är förräderi – det är lydnad. Det handlar inte om att förkasta människor eller se ner på dem, utan om att inse när en relation slutat bära frukt. Jesus själv lärde oss att ett träd känner man på dess frukt. Om en relation konsekvent producerar förvirring, tyngd, konflikt eller kompromiss, är den inte längre i linje med det syfte Gud har för dig.

Skönheten med att värdesätta ditt nätverk är att du inte behöver klamra dig fast i rädsla. När du litar på Gud med dina relationer kan du släppa det som inte längre tjänar dig med frid, i vetskap om att Han kommer sända rätt människor i Sin tid. De som är menade att stanna kommer växa med dig. De som bara var till för en säsong kommer lära dig något, och sedan skapa plats för nya relationer. Nyckeln är urskillning – att veta skillnaden mellan en relation som sträcker dig för tillväxt och en som håller dig tillbaka i stagnation. Den ena slipar dig som järn, den andra slöar din egg. Den ena drar dig närmare Gud, den andra längre bort från Honom.

Så, värdesätt ditt nätverk. Vårda relationerna som ger liv. Investera tid, kärlek och avsiktlighet i människor som ger dig näring när du ger dem näring. Och när det är dags att släppa taget, gör det med nåd. Sanningen är: varje målmedveten person måste lära sig denna balans – att hedra relationer samtidigt som man skyddar det utrymme Gud använder för att forma dem. Ditt öde är för viktigt för att trasslas in i ogynnsam jord. Lita på Gud med dina relationer. Han vet vem som hör hemma i ditt nätverk och vem det är dags att släppa.

# TECKEN PÅ TOXISKA VÄNNER

Inte alla vänskaper är hälsosamma. Vissa relationer dränerar din energi och drar dig bort från ditt syfte.

- Negativitet: Vänner som ständigt klagar, sprider skvaller eller har en pessimistisk attityd kan tynga dig.
- Avund: Om en vän inte kan fira dina framgångar eller ständigt jämför sig med dig, kan relationen vara ohälsosam.
- Manipulation: Sanna vänner skuldbelägger dig inte eller försöker kontrollera ditt liv.
- Brist på respekt: Vänner som förminskar dina övertygelser, ignorerar dina gränser eller visar brist på respekt för din tid är inte värda att hålla nära.

Om en vänskap känns mer som en börda än en välsignelse, är det värt att utvärdera om den hjälper eller skadar dig.

Bibliska exempel på vänskap

Bibeln erbjuder kraftfulla exempel på gudomliga vänskaper:

- David och Jonathan: Deras vänskap präglades av lojalitet, kärlek och osjälviskhet (1 Samuel 18:1-4). Jonathan stödde David även när det betydde att gå emot sin egen far.
- Ruth och Naomi: Ruths orubbliga engagemang för Naomi visar kraften i lojalitet och uppoffrande kärlek (Ruth 1:16-17).
- Jesus och Hans lärjungar: Jesus visade vänskap genom tålamod, förlåtelse och viljan att ge sitt liv för dem Han älskade (Johannes 15:13).

Dessa exempel visar att sann vänskap handlar om kärlek, lojalitet och ett gemensamt engagemang för Guds syfte.

Hur man bygger hälsosamma vänskaper

- Var den vän du själv vill ha: Om du vill ha vänliga, stödjande och pålitliga vänner, sträva efter att själv leva efter dessa egenskaper. Vänskap speglar vem du är.
- Be om vägledning: Be Gud leda dig till rätt människor. Be om urskillning för att känna igen vem som hör hemma i ditt liv och vem som inte gör det.
- Sätt gränser: Hälsosamma vänskaper respekterar gränser. Var tydlig med dina värderingar och gränser, och var inte rädd att hålla avstånd till relationer som bryter mot dem.
- Investera i rätt människor: Vänskap kräver tid och engagemang. Fokusera på att vårda relationer med människor som får fram det bästa i dig. Ingen vän är perfekt, och konflikter kommer uppstå. Var villig att kommunicera, förlåta och växa tillsammans.

# NÄR VÄNNER FÖRÄNDRAS

Inte alla vänskaper är menade att vara för evigt. Vissa människor är i ditt liv under en viss period, och det är okej. När du växer kanske du märker att vissa vänskaper inte längre ligger i linje med dina värderingar eller syfte.

Att avsluta en vänskap behöver inte vara dramatiskt eller elakt. Du kan sätta hälsosamma gränser samtidigt som du önskar det bästa för den andra personen. Lita på att Gud fyller utrymmet med relationer som bättre passar din nuvarande säsong.

Att välja rätt vänner är ett av de viktigaste besluten du tar i livet. Människorna du omger dig med kan antingen dra dig närmare ditt syfte eller avleda dig från det.

Sök vänskaper som är rotade i kärlek, respekt och tro. Var avsiktlig med vem du släpper in i din innersta krets och lita på Gud att leda rätt människor till ditt liv. Kom ihåg, det är bättre med några få starka, gudfruktiga vänner än en massa följeslagare som inte verkligen stöder eller delar dina värderingar.

Vänskap är en gåva, och när den väljs klokt blir den en källa till styrka, glädje och uppmuntran som varar livet ut. Kvalitetsrelationer är viktiga. Att förstå ditt team är avgörande för framgången i ditt projekt, företag eller organisation. Det innebär flera viktiga steg, såsom att engagera teammedlemmar genom möten, en-till-en samtal och informella diskussioner för att förstå deras tankar, bekymmer och perspektiv. Uppmuntra öppen feedback där teammedlemmar känner sig trygga att ge input om teamdynamik, processer och mål.

Observera hur teammedlemmar interagerar, deras arbetsstilar och bidrag under möten eller projekt. Sätt dig in i deras situation för att förstå deras utmaningar, motivationer och ambitioner.

Ibland kan feedback från kollegor eller intressenter som interagerar med ditt team ge ytterligare insikter. Använd prestationsmått, undersökningar eller andra datadrivna metoder för att objektivt bedöma teamdynamik och prestation.

Genom att kombinera dessa metoder kan du få en heltäckande förståelse för ditt team och deras dynamik. Du måste känna ditt team; det är oerhört viktigt att uppmärksamma dem som arbetar med och för dig. De är verkligen det som gör ditt rike framgångsrikt. Det krävs teamwork – en sak är säker: teamwork gör verkligen drömmen möjlig.

Du blir en magnet när du är i linje med ditt syfte och öde. Alla som hör hemma i ditt team kommer att hitta dig. Ofta tror vi att vi måste gå ut och hitta människor som vill arbeta i vårt team, men du blir förvånad över hur många som söker dig eftersom de ser ditt ljus på avstånd och vill vara en del av ditt rike.

Du måste vara säker och selektiv med vem du vill arbeta med. Det är viktigt att hitta dem som kan se med dina ögon. En bra teammedlem strävar efter att alla i teamet är överens om lösningar eller beslut. Ditt team måste kunna dela öppet med varandra om sina känslor, åsikter, tankar och uppfattningar om problem och situationer.

De behöver dela vad de verkligen tror. När alla är ärliga i teamet och delar sina verkliga åsikter löses saker snabbare och bättre, vilket är bäst för ditt varumärke. Lär dig ta ansvar för att stödja ditt team fullt ut och undvik alltid att skylla på dem hela tiden. Skyll inte din otillräcklighet på dem, eftersom det kan orsaka oro i teamet. Ta ansvar och gå framåt. Alla människor gör misstag. Det är inte världens undergång att be om ursäkt.

Det spelar ingen roll vilken bakgrund du kommer ifrån – det är avgörande att tro på teamet du arbetar med, eftersom det enda sättet att uppnå ditt uppdrag lätt är att arbeta och samarbeta som en familj.

Det är endast med dem du kan lyckas. Var ödmjuk, modig och uppmärksam när du litar på människorna omkring dig. Ju mer du går in i expertområden, desto mindre bör du vara ledaren. Den typen av ödmjukhet och förståelse är det som gör dig unik.

# SYFTESFULLT KRÖNT

Att hitta mitt syfte kom med många uppoffringar, många sömnlösa nätter och svåra beslut. Den dag jag lämnade Sverige visste jag djupt i mitt hjärta att jag var redo för livets resa. Men jag visste inte att mitt syfte skulle avslöjas för mig först när jag lämnade det jag kände till.

Förstår du, ibland växer vi ur de miljöer vi växte upp i eftersom vårt livssyfte och vår påverkan är större och sträcker sig bortom jordens fyra hörn. I Amerika hade jag inga vänner och var hemlös i några år. På grund av mina tidigare trauman byggde jag murar och gjorde det svårt för människor att komma nära. Detta var en slags copingmekanism eftersom jag blivit sårad och sviken så många gånger. Jag kände ingen, så jag var tvungen att klara mig på egen hand. Jag spenderade timmar på 24hr Fitness eftersom det var öppet dygnet runt. Jag sov i kvinnornas omklädningsrum, duschade där och gick sedan till jobbet. Jag levde så i några år tills jag blev vän med en kvinna som introducerade mig för sin kyrkogemenskap, och jag kunde hyra ett rum på kvinnoskyddet. Kyrkan hjälpte mig att läka många av mina sår och jag kunde hitta hopp.

Att navigera genom det amerikanska systemet var inte lätt eftersom jag egentligen inte hade rätt dokumentation för att vara i Amerika. Jag kom till USA som au pair, och när mitt kontrakt med familjen tog slut bestämde jag mig för att ändra min visumstatus och studera. Jag gjorde det i tre år, men sedan blev saker otroligt utmanande eftersom jag inte kunde upprätthålla de enorma levnadskostnaderna i Amerika. Jag hamnade utanför status. Det fick mig verkligen att känna mig som en främling i ett främmande land.

Eftersom jag inte kunde få vanliga jobb var jag tvungen att arbeta under bordet. Jag gjorde allt från att skrubba toaletter och diska till att passa barn och städa gamla människors hem. Under denna period i mitt liv lärde jag mig en kraftfull läxa om uthållighet och envishet. Jag visste att om jag kunde få ett stabilt jobb skulle jag kunna klara mig. Så jag fick ett jobb på en restaurang. Det var mycket svårt att balansera studier och heltidsjobb. Men dessa prövande tider lärde mig mycket om mig själv. Jag var starkare än jag trodde. Jag hade en dröm om att en dag bli en framgångsrik företagare, och när jag växte upp hörde jag alltid att Amerika skulle vara möjligheternas land.

Jag upplever att det är sant – det finns fler möjligheter för svarta människor i Amerika. Överlag avslöjades mitt öde och syfte för mig i Amerika. Gud ger oss alla ledtrådar och glimtar av vår framtid så att vi kan veta att vi är på rätt väg. Vissa kallar det déjà vu; jag kallar det bekräftelse. Han bekräftar att vi är på rätt väg, ibland när vi tvivlar på oss själva och de beslut vi fattar.

Min egen erfarenhet som skönhetstävlande ledde mig till att starta min egen skönhetstävling, Miss Africa America. Min mamma flög in från Sverige och stöttade mig. Detta är något jag alltid kommer vara tacksam för eftersom hon visade att hon försökte finnas där för mig. Miss Africa America grundades för att ge kvinnor i vår tid makt enligt den sanna definitionen av kraft, positivitet och nåd som förändrar världen omkring dem. Det är en prestigefylld plattform som förenar deltagare från 54 nationer i en hyllning av mångfald, kultur och empowerment.

Vår mission är enkel men djup: att kröna en drottning som förkroppsligar nåd, intelligens och ledarskap, och representerar sitt land med stolthet och distinktion. Så länge har vi fått höra att skönhet kommer från alla nationaliteter utom afrikanska kvinnor. Och det är helt enkelt inte sant. Jag känner att det är en kallelse att fortsätta vårt uppdrag att förändra skönhetsstandarder och definitionen av skönhet.

Jag är stolt över att säga att jag är grundare av Miss Africa America Pageant och Queen Status. Dessa två organisationer föddes ur min erfarenhet som ambassadör, Miss Gambia USA 2015/2017. Jag är dedikerad till att bygga drömmar genom att hjälpa unga kvinnor att nå sin största potential. Genom Miss Africa America Pageant och Queen Status planerar jag att fortsätta min mission att hjälpa kvinnor och vara en röst för dem som har förlorat hoppet. Jag vill hjälpa kvinnor att få en känsla av självvärde och bygga självförtroende för att se sitt värde i samhället.

Att känna sin publik är avgörande eftersom det gör att du kan anpassa ditt budskap effektivt för att möta deras behov, intressen och förväntningar. Genom att förstå din publik kan du kommunicera tydligare, resonera med dem på en djupare nivå och i slutändan nå dina kommunikationsmål mer framgångsrikt. Det hjälper också till att undvika missförstånd och säkerställer att ditt budskap tas emot positivt.

Att tala offentligt var ett av mina favoritämnen i skolan – tanken på att kunna förmedla min poäng var en fantastisk känsla. Och att ha en tid och plats att dela det jag ville säga var ännu mer fantastiskt. När jag växte upp fanns en outtalad regel om att synas men inte höras – dina åsikter och idéer värderades inte. Offentligt tal blev viktigare för mig eftersom jag fick tala fritt och dela mina tankar och idéer med publiken. Offentligt tal har varit en del av min tid som Miss Gambia. Jag fick möjlighet att tala på Woman's March i Oakland, CA 2017 – en underbar möjlighet att tala och bygga nya relationer.

Jag ser varje tal som en chans att lämna ett avtryck, och därför är god förberedelse mycket viktigt. När du är väl förberedd kan du fokusera mer på ditt utseende, vad du ska ha på dig och hur du vill ha din frisyr. Om möjligt, ta en spadag dagen före talet – men du bör vara redo flera dagar i förväg så att du kan fokusera helt på att leverera med excellens.

Du har säkert hört talas om en "elevator pitch" – det är ditt uppdrag eller vision på mindre än 3 sekunder. Målet är att låta personen du talar med förstå vad du står för och representerar, innan de lämnar hissen. Om du inte har en, börja arbeta på den nu. Ju bättre du känner din pitch, desto mer självsäker blir du.

Om du gör en plattforms- eller annan presentation, hjälp till med bilder som visar dig i handling, antingen när du arbetar eller gör något relaterat till din plattform. Din största utmaning, drottning, är att hålla publikens intresse. Om tiden tillåter och publiken har frågor, kan du vara säker på att ditt budskap har nått fram. Detta låter dig veta hur väl planen landade baserat på deras frågor. Skynda inte på detta moment – det är då publiken verkligen lär känna dig, vad du står för och vad din plattform handlar om.

# SYFTESKRONAN

Att vara syftesfullt krönt är att erkänna och omfamna den gudomliga kallelse och auktoritet Gud lagt på ditt liv. Kronan är mer än en symbol för kunglighet – den representerar identitet, syfte och Guds nåd. Den är en påtaglig påminnelse om den ära och ansvar som följer med att vara utvald av Honom. Från skapelsens början till löftet om evigt liv avslöjar Bibeln att Gud har krönt sitt folk med syfte, ära och heder. Kronan du bär är inte resultatet av dina prestationer utan en reflektion av Guds syfte för ditt liv.

Konceptet att bli krönt börjar med Guds avsiktliga skapelse av mänskligheten. Psalm 8:5 säger: "Du gjorde honom lite lägre än Gud och prydde honom med ära och härlighet." Denna skrift lyfter fram betydelsen av varje individ i Guds plan. Att vara syftesfullt krönt innebär:

- DIN IDENTITET: Du är skapad i Guds avbild, designad med avsikt och värde (Genesis 1:27).
- DIN AUKTORITET: Du har fått förtroendet att ha herravälde över skapelsen, och reflektera Guds suveränitet på jorden (Genesis 1:28).
- DITT ÖDE: Ditt liv är en del av Guds gudomliga berättelse, skapad för Hans ära (Jeremia 29:11).

I hela Skriften ser vi individer krönas av Gud för att uppfylla särskilda syften. Deras berättelser påminner oss om att bli krönt ofta kommer med utmaningar men alltid är i linje med Guds större plan. I detta kapitel vill jag introducera dig för några otroligt syftesfulla bibliska karaktärer vars kronor representerade så mycket mer än vad ögat kan se. Som David till exempel – han blev smord och krönt för ledarskap som kung långt innan han bar en fysisk krona (1 Samuel 16:13). Hans resa från herde till Israels härskare visar att syftesfullt krönt kräver förberedelse. Gud formade Davids karaktär genom prövningar och segrar innan Han upphöjde honom till ledarskap. David väntade på Guds timing, i förtroende om att kronans löfte skulle uppfyllas. Även innan han blev kung tjänade David troget i de roller Gud placerade honom i.

Drottning Esters uppgång till drottning var inte en slump utan en gudomlig utnämning. Mordekais ord till henne sammanfattar essensen av att vara syftesfullt krönt:

"Vem vet om du inte har kommit till din kungliga position för en tid som denna?" (Esther 4:14). Esters krona var inte bara en symbol för hennes status utan ett verktyg för Gud att använda henne för att rädda sitt folk.

# JESUS KRÖNS MED TORNEKRONA

Det ultimata exemplet på syftesfull kröning är Jesus, som bar en törnekrona när Han fullbordade sitt uppdrag för frälsning. Hans krona påminner oss om att syfte ofta kräver uppoffring och ödmjukhet. I en andlig mening representerar att bli krönt mer än jordisk auktoritet eller erkännande – det symboliserar Guds välsignelser och kraft för ett liv med syfte. "Lovad vare Herren, min själ... som kröner dig med kärlek och barmhärtighet" (Psalm 103:4). Gud kröner sitt folk med sin trofasta kärlek och nåd och utrustar dem att reflektera Hans karaktär i relationer och handlingar.

Paulus talar om rättfärdighetens krona som väntar dem som förblir trogna:

"Nu väntar på mig rättfärdighetens krona, som Herren, den rättfärdige domaren, skall ge mig på den dagen" (2 Timoteus 4:8).

Denna krona är en påminnelse om att leva med syfte innebär att sträva efter helighet och hålla fokus på eviga belöningar. Jakobs brev 1:12 lovar livets krona till dem som uthålligt står emot prövningar:

"Salig är den som står emot prövning, ty när han har prövats skall han få livets krona, som Herren har lovat dem som älskar honom."

Denna krona symboliserar den ultimata belöningen för dem som förblir fasta i sin tro. Att vara syftesfullt krönt handlar inte bara om att få erkännande – det handlar om att träda in i den identitet och kallelse Gud har för dig. Detta kräver avsiktlighet i hur du lever, tjänar och litar på Gud.

# ERKÄNN DITT VÄRDE

Fienden försöker få dig att tvivla på din krona, men Guds ord deklarerar ditt värde:

"Ni är ett utvalt folk, ett kungligt prästerskap, ett heligt folk, Guds egendomsfolk" (1 Petrus 2:9).

För att bära din krona syftesfullt måste du stämma av dina handlingar med Guds vilja. Detta innebär:

- Obedience / Lydnad: Följa Guds bud, även när det är svårt.
- Tjänst: Använda dina gåvor för att ära Gud och välsigna andra.
- Tro: Lita på att Guds plan för ditt liv är perfekt, även när du inte ser hela vägen.

Att vara syftesfullt krönt är att vandra modigt i den identitet och kallelse Gud har lagt på ditt liv. Din krona är inte bara en symbol för ära, den är ett uttalande om Guds kärlek, syfte och kraft som verkar i och genom dig. När du omfamnar din krona, kom ihåg att den är både en gåva och ett ansvar. Bär den med ödmjukhet, tjäna med trofasthet och lev med ett evigt perspektiv, i vetskap om att din krona speglar den Konung som krönt dig.

# DIN GÅVA SKAPAR UTRYMME FÖR DIG

"En mans gåva gör att han får plats och leder honom inför stora män." (Ordspråksboken 18:16)

Denna vers betonar att en persons talanger, färdigheter eller gåvor kan öppna dörrar till möjligheter och leda till betydelsefulla kontakter eller inflytelserika positioner. Den påminner oss om värdet av att använda våra gåvor klokt och potentialen de har att skapa möjligheter.

Var och en av oss är född med unika gåvor, naturliga förmågor, talanger och passioner som skiljer oss från andra. När dessa gåvor erkänns och utvecklas har de kraften att skapa möjligheter, öppna dörrar och lyfta oss till platser vi aldrig kunnat föreställa oss. Löftet om att "dina gåvor skapar utrymme för dig" är både en försäkran och en uppmaning, som påminner oss om att lita på våra förmågor och omfamna vårt syfte.

Första steget är att identifiera dina gåvor:

- Vad gör du med lätthet?
- Vad får du ofta beröm för?
- Vad ger dig glädje eller tillfredsställelse när du gör det?

Dina gåvor behöver inte alltid vara stora eller iögonfallande. De kan vara subtila, som din förmåga att känna empati, organisera eller inspirera andra. En rå gåva är en startpunkt, inte målet. För att skapa utrymme för dig måste dina gåvor utvecklas och förfinas, vilket kräver disciplin, övning och engagemang för tillväxt.

- Investera i lärande: Sök kunskap, mentorer och erfarenheter som hjälper dig att skärpa dina färdigheter.

- Var konsekvent: Konsekvent vård av dina talanger förvandlar potential till mästerskap.
- Var öppen för feedback: Konstruktiv kritik hjälper dig att växa och förbättras, även när det är obekvämt.

När du tar tid att finslipa dina gåvor börjar de lysa på sätt som skapar uppmärksamhet och möjligheter. Processen är sällan linjär, men lita på att dina gåvor leder dig även när vägen är oklar.

Möjligheter uppstår ofta oväntat, men de kommer när du är beredd. Fokusera på att göra ditt bästa med det du har nu, och lita på att rätt dörrar öppnas i rätt tid. Gåvor är till för att delas, inte samlas. Genom att använda dina talanger för att tjäna andra skapar du värde – och värde drar till sig möjligheter.

- Lös problem: Använd dina gåvor för att möta andras behov.
- Inspirera och uppmuntra: Dela dina talanger på sätt som stärker andra.
- Var generös: Att ge utan förväntan kan leda till oväntade välsignelser.

När du leder med tjänst, märker människor det, och utrymmet dina gåvor skapar blir större än du någonsin kunnat föreställa dig. Utmaningar, tvivel och misslyckanden kommer, men de är inte tecken på bristande gåvor – de är möjligheter att bli starkare.

- Lut dig mot dina styrkor.
- Håll fokus på ditt syfte.
- Kom ihåg: motgångar är ofta förberedelser för större möjligheter.

Dina gåvor är unika för dig – ingen annan kan ge dem till världen på samma sätt. Autenticitet är magnetiskt. När du fullt ut omfamnar dig själv och dina gåvor, attraherar du naturligt människor, möjligheter och miljöer som är i linje med ditt syfte.

# FÖRBERED DIG FÖR FRAMGÅNG

Inflytande är en kraftfull kraft. Det kan inspirera, uppmuntra och skapa positiv förändring, men felanvänt kan det skada och vilseleda. Att använda inflytande ansvarsfullt är inte bara ett val – det är en etisk plikt.

- Var sanningsenlig: Ge alltid korrekt information.
- Var transparent: Låt andra se dina avsikter.
- Var konsekvent: Låt dina handlingar stämma överens med dina ord.

Integritet är hörnstenen för ansvarsfullt inflytande. När folk litar på dig följer de dig mer villigt. Att bryta detta förtroende genom oärlighet eller egoistiska motiv skadar inte bara dig utan även dem som förlitar sig på dig.

- Visa ansvar: Ta ansvar för dina handlingar.
- Visa ödmjukhet: Erkänn dina brister och begränsningar.
- Visa empati: Förstå och bemöt dem du påverkar.

Rätt använda kan inflytande främja tillväxt, självständighet och positiva förändringar. Misstagen att undvika inkluderar manipulation, försummelse och ego. Håll dig jordad i syfte och självmedvetenhet för att behålla ett etiskt inflytande.

# DITT IMPACT OCH INFlytande

I dagens uppkopplade värld är inflytande mer tillgängligt än någonsin. Sociala medier gör att du kan nå människor över hela världen, men med räckvidd kommer ansvar.

- Var medveten om din plattform: Dela ansvarsfullt.
- Bekämpa desinformation: Verifiera fakta innan du delar.
- Skapa en säker plats: Främja respektfull dialog, avvisa hat och splittring.

Slutligen handlar inflytande inte bara om nuet – det handlar om det arv du lämnar. Fråga dig själv:

- Hur vill jag bli ihågkommen?
- Vilka värden vill jag att mitt inflytande reflekterar?
- Vilken effekt vill jag ha på människors liv?

Inflytande är en gåva, men också ett ansvar. Hantera det med omsorg, och det blir en katalysator för positiv förändring och en reflektion av integritet.

# IDENTIFIERA DITT VARUMÄRKE

Definiera ditt varumärke – vad vill du främja? Vad gör dig unik? Vad vill du bli känd för? Utveckla en konsekvent bild, budskap och online-närvaro som speglar dina värderingar. Använd plattformar som Twitter, Instagram, LinkedIn och YouTube för att dela ditt arbete och engagera din publik.

När du blir titelhållare blir du offentligt erkänd. Utveckla dina talarfärdigheter med övning, feedback och konsekvent träning.

# ÖVNING GER FÄRDIGHET

- Tala så ofta som möjligt.
- Öva framför spegel, vänner eller språkgemenskaper.
- Läs högt och lyssna på modersmålstalare.
- Spela in och utvärdera.
- Lär dig nya ord dagligen och använd dem i meningar.

Bön

Käre Herre, Jag ber att du välsignar drottningen som läser denna bön just nu. Ge henne mod och trygghet att du är med henne. Hjälp henne att upptäcka den sanna juvel hon är. Ge henne vishet att fatta rätt beslut, ta bort rädsla, tvivel och osäkerheter. Må hon finna inre frid, stilla stormarna som rasar mot hennes liv, blockera allt som hindrar henne från att bli den du kallat henne till att vara. Hjälp henne förstå sin identitet i ditt rike och i den plats där hon befinner sig. Läka hennes hjärta från sår, besvikelser och avvisanden. Ge henne nåd att lämna dem som inte ser hennes värde och förminskar hennes insatser. Ge henne styrka att ta sin plats i syfte och öde, i Jesu namn, Amen.

# DIN VÄG ÄR UNIK

Jag vill dela en historia med dig om en ung kvinna vid namn Grace. Grace hade alltid känt sig vilse. Hon växte upp i en liten, livlig stad, omgiven av människor som verkade veta exakt vilka de var och vad de ville. Hennes bästa vän, Layla, brann för konst och tillbringade eftermiddagarna med att måla muraler. Hennes bror, Elijah, drömde om att bli läkare. Men Grace? Hon hade ingen aning om vart hennes liv var på väg.

Hon hade försökt hitta sitt syfte på alla de vanliga platserna – skola, sport, relationer – men inget kändes någonsin rätt. Varje gång hon trodde att hon hade listat ut det, försvann spänningen och lämnade henne med en ännu större tomhet.

En söndagsmorgon bjöd hennes mormor med henne till kyrkan. Grace hade inte varit där på åratal, men av respekt tackade hon ja. Kyrkan var liten och enkel, med träbänkar och solsken som strömmade genom glasmålade fönster.

Predikan den dagen handlade om syfte. Pastorns ord trängde igenom Graces förvirring. Han talade om hur Gud hade skapat varje människa med en unik kallelse, ett gudomligt syfte som kunde ge honom ära och glädje i deras liv. "Ditt syfte är inte något du skapar," sa han. "Det är något du upptäcker genom Honom."

Dessa ord stannade kvar hos Grace långt efter att gudstjänsten var över. Den kvällen satt hon på sängkanten och tittade ut genom fönstret. Stjärnorna verkade lysa starkare än vanligt, som om de uppmuntrade henne att tala.

För första gången på många år bad Grace.

"Gud," viskade hon, "jag vet inte vem jag är eller varför jag är här. Men om Du har skapat mig för något, vill jag veta vad det är. Visa mig, snälla."

Under de följande veckorna började Grace utforska sin tro. Hon läste Bibeln, gick med i en liten grupp i kyrkan och tillbringade tid i bön. Först kändes det obekvämt, som att lära sig ett nytt språk. Men gradvis började hon känna något hon inte känt på åratal – frid.

En dag, när hon volontärade på ett matställe med sin kyrkgrupp, träffade Grace en ung flicka vid namn Nia. Nias familj hade haft det svårt, och hon var blyg och tillbakadragen. Men när Grace böjde sig ner för att hjälpa henne välja ett par vinterhandskar, lyste Nias ögon upp.

"Tack," sa Nia mjukt.

I det ögonblicket förändrades något inom Grace. Det var som om Gud viskade direkt till hennes hjärta: Det här är det. Detta är varför du är här – för att tjäna andra och dela min kärlek med dem.

Grace började volontära oftare. Hon började mentorera barn på det lokala communitycentret, hjälpa till med läxor, lyssna på deras berättelser och uppmuntra dem att drömma stort. Hon drogs till dem som kände sig osynliga, precis som hon själv en gång hade känt.

Genom dessa små handlingar av tjänande upptäckte Grace sitt syfte: att vara ett ljus i andras liv, och reflektera Guds kärlek och vänlighet. Det var inte alltid lätt – det fanns dagar då hon kände sig trött eller nedslagen – men glädjen av att veta att hon vandrade i Guds plan för sitt liv höll henne gående.

# KRÖND FÖR "SÅDAN TID SOM DENNA"

När hennes relation med Gud fördjupades, gjorde också hennes känsla av identitet det. Hon insåg att hennes värde inte var knutet till prestationer eller andras godkännande. Hon var värdefull helt enkelt för att hon var Guds barn. Denna nyfunna självsäkerhet gav henne modet att dela sin historia med andra.

I kyrkan började hon tala till ungdomsgrupper om sin resa – från känslan av att vara vilse, avvisad, och hur hon övervann emotionella och sexuella trauman till att hitta sitt syfte i Gud. Hennes sårbarhet rörde många, och hon blev mentor för unga flickor som sökte sin egen identitet.

År senare stod Grace på en scen i en fullsatt aula. Hon hade blivit inbjuden att tala på en konferens för unga kvinnor. När hon såg ut över havet av ansikten, kände hon en våg av tacksamhet.

"Att hitta sitt syfte händer inte över en natt," började hon. "Det är en resa av att överlämna sina egna planer och lita på Guds. Jag tillbringade så många år med att söka på fel platser, men när jag vände mig till Honom, visade Han mig vem jag var och varför jag är här. Och låt mig säga er, det finns ingen större glädje än att vandra i Hans syfte för ditt liv."

När publiken bröt ut i applåder log Grace. Hon delade inte bara en berättelse; hon var levande bevis på vad Gud kan göra när någon överlämnar sitt liv åt Honom. Grace hade funnit sitt syfte – inte i världens definition av framgång, utan i att tjäna andra och ära Gud. Och i det hade hon funnit ett liv mer meningsfullt än hon någonsin kunnat föreställa sig.

Precis som Grace, när du överlämnar dig till Gud och låter Honom leda dig, är du ämnad att hitta ditt syfte och fullfölja ditt öde. Om du inte hade gått igenom det du gått igenom, skulle du inte ha fått alla de verktyg och livsläxor som format dig. Du har säkert hört citatet: "Det som inte dödar dig, bygger dig."

Att du fortfarande lever trots allt du gått igenom är bevis på att Gud har så mycket mer i beredskap för dig, och det är inte över för dig, Drottning. Det bästa har ännu inte kommit. Jag är så exalterad för dig, och jag vet med säkerhet att du kommer att bli allt det Gud har kallat dig att vara, göra och uppnå i livet.

Till dig, kära läsare, som har vandrat med mig genom dessa sidor – genom reflektioner av smärta, läkning och hopp – vill jag säga detta: din resa har just börjat.

Självupptäckt är inte alltid lätt. Det kräver mod att se inåt, konfrontera sår, omfamna din sanning och resa dig över de röster som försökt definiera dig. Men varje steg du tagit har fört dig närmare den person Gud skapade dig att vara. Du är inte den du var igår. Du definieras inte av avvisande, misslyckanden eller rädsla. Du blir. Du vecklar ut dig. Du kliver in i ditt öde.

Syfte är inte något man snubblar över av en slump; det är något man växer in i, dag för dag, val för val, bön för bön. Och medan du upptäcker vem du är, kom ihåg detta: Gud vet redan. Han skrev din historia innan du tog ditt första andetag. Varje topp, varje dal, varje omväg och fördröjning har vävts in i Hans perfekta plan.

Så, gå framåt med mod. Vandra med tro. Vandra med vissheten att din krona inte ges av människor, utan av den som formade dig i det hemliga rummet. Låt din röst bli hörd. Låt dina gåvor lysa. Låt ditt liv reflektera Hans ära.

Det kommer dagar då vägen känns osäker, när tvivel smyger sig på, och när resans tyngd känns tung. I dessa stunder, påminn dig själv: du vandrar inte ensam. Samma Gud som talade liv till det övergivna barnet i Hesekiel, som lyfte Josef från gropen till palatset, som krönte Ester för "sådan tid som denna," är samma Gud som leder dig nu.

Du är syftesfullt krönt. Inte för att livet varit perfekt, utan för att Guds hand är över dig. Och när Hans hand är över dig, kan inget stoppa det öde Han redan har förkunnat över ditt liv.

Gå framåt, kära du. Följ din kallelse med mod, omfamna din identitet med självförtroende och lev med den orubbliga sanningen att du skapats för detta ögonblick. Din krona är inte på avstånd – den är redan din. Nu är tiden att bära den.

Nu kör vi, Drottning!

She trust God's wisdom to guide her steps

and His direction to shape her path.

1 Kings 3:11-12

Din resa slutar inte här. Skanna QR-koden för

att fortsätta upplevelsen och följa nästa kapitel på YouTube.